我发现了奥秘

世界上最最奇妙的地理书

[韩]李浩先◎编著

吉林出版集团股份有限公司

图书在版编目(CIP)数据

世界上最最奇妙的地理书/(韩)李浩先编著.—长春:
吉林出版集团股份有限公司, 2012.1 (2021.6重印)
　(我发现了奥秘)
ISBN 978-7-5463-8089-6

Ⅰ.①世… Ⅱ.①李… Ⅲ.①地理—世界—儿童读物
Ⅳ.①K91-49

中国版本图书馆CIP数据核字(2011)第264511号

我发现了奥秘

世界上最最奇妙的地理书
SHIJIE SHANG ZUI ZUI QIMIAO DE DILISHU

出版策划：孙　昶
项目统筹：于姝姝
责任编辑：于姝姝
出　　版：吉林出版集团股份有限公司（www.jlpg.cn）
　　　　　　（长春市福祉大路5788号，邮政编码：130118）
发　　行：吉林出版集团译文图书经营有限公司　（http://shop34896900.taobao.com）
总 编 办：0431-81629909
营 销 部：0431-81629880/81629881
印　　刷：三河市燕春印务有限公司（电话：15350686777）
开　　本：889mm×1194mm　1/16
印　　张：9
版　　次：2012年1月第1版
印　　次：2021年6月第7次印刷
定　　价：38.00元

印装错误请与承印厂联系

写在前面

　　孩子的脑海里总是会涌现出各种奇怪的想法——为什么雨后会出现彩虹？太阳为什么东升西落？细菌是什么样的？恐龙怎么生活啊？为什么叫海市蜃楼呢？金字塔是金子做成的吗？灯是什么时候发明的？人进入太空为什么飘来飘去不落地呢？……他们对各种事物都充满了好奇，似乎想找到每一种现象产生的原因，有时候父母也会被问得哑口无言，满面愁容，感到力不从心。别急，《我发现了奥秘》这套丛书有孩子最想知道的无数个为什么、最想了解的现象、最感兴趣的话题。孩子自己就可以轻轻松松地阅读并学到知识，解答所有问题。

　　《我发现了奥秘》是一套涵盖宇宙、人体、生物、物理、数学、化学、地理、太空、海洋等各个知识领域的书系，绝对是一场空前的科普盛宴。它通过浅显易懂的语言，搞笑、幽默、夸张的漫画，突破常规的知识点，给孩子提供了一个广阔的阅读空间和想象空间。丛书中的精彩内容不仅能培养孩子的阅读兴趣，还能激发他们发现新事物的能力，读罢大呼"原来如此"，竖起大拇哥啧啧称奇！相信这套丛书一定会让孩子喜欢、令父母满意。

　　还在等什么？让我们现在就出发，一起去发现科学的奥秘！

目录

地球是从哪儿来的呢？

说起地球，我们每个人都不会陌生，因为它是我们赖以生存的家园。但是，小朋友，你知道地球是从哪儿来的吗？它又是怎么形成的呢？这些问题你都思考过吗？如果你想了很久，还是没有想明白，那么就赶快跟着我一起去了解一下吧！

地球是如何形成的呢？

地球位于漆黑的宇宙之中，是一个两极略扁的不规则的椭圆形球体。它表层71%以上的面积都是蓝色的海洋，所以，它的整体呈蓝色，是人类与动物共同生存的家园。

但是，这么大的一个球体，它又是如何形成的呢？难道它是随着宇宙一起出现的吗？这些问题真的好深奥！

其实，地球并不是随着宇宙一起出现的，它是由宇宙中的星云物质组成的。大约46亿年以前，银河系中一直弥漫着大量的星云物质，这些物质因为自身的引力作用而不断地收缩，在收缩的过程中，产生了巨大的旋涡，旋涡巨大的力量使那些星云物

质破裂成许多"碎片"。而那些碎片，就是太阳星云。

　　太阳星云上含有不易挥发的固体尘粒，这些尘粒慢慢地相互结合在一起，最终形成了越来越大的颗粒环状物质，并且开始不断地吸附周围的一些较小的尘粒，从而使体积越来越大，这样就形成了地球的星胚。地球星胚在一定的空间里不断地运动着，并且还不断地增大。于是，原始的地球就形成了！

　　原始地球经过不断地运动与壮大，就成了今天的模样！

★气和地表面貌是如何形成的呢?

　　地球形成以后，它上面的水、氢气和氧气等气体又是如何形成的呢？呵呵，它们当然是从形成地球的原始物质中来的喽。星云的主要成分是氢元素，但是它上面的尘粒中

还有其他元素，比如氧、碳、硅、硫、铝、金和铀等，它们共同组成了现在地球上的岩石和大气层。

地球是由于星云与固体尘粒的不断运动所聚集而成的，所以，在此过程中一定会产生巨大的压力与极高的温度，压力使氢原子之间的距离越来越小，高温又使它们相互融合在一起，人们将这一现象叫作核聚变。核聚变会释放出令我们难以想象的巨大能量，促使整个地球开始发光。

其实，起先的地球是由炽热的流质岩石组成的，但它们的重力使得

地球的各种组成物质开始分层：由铁元素构成的最重的物质，沉入了地心；一些较轻的岩石就浮在了上层，构成了地幔的一部分和地壳；而在地球的最上面，是极不稳定的大气层。大气层主要由水蒸气、氢气以及氢与氮元素、碳元素形成的化合物组成。后来，地壳运动使火山爆发，就释放出了一氧化碳、氮气、氯以及硫化物等气体。

在经历了几百万年以后，炽热的地球才渐渐地趋于稳定，地球表层才逐渐冷却下来。而地球表层的地壳，在冷却和凝结的过程中，不断受到地球内部剧烈运动的冲击和挤压，最终变得褶皱不平，有时候还会被挤破，于是就会发生地震和火山爆发。最初这种情况时常发生，后来就渐渐地减少了，地壳也慢慢地稳定下来。地壳表面的温度也开始不断地降低，最终冷却下来，这时候地球就像一个久放而风干了的苹果，表面皱纹密布，表层也开始凹凸不平。最终，高山、平原、河床、海盆等地形都一应俱全地形成了。

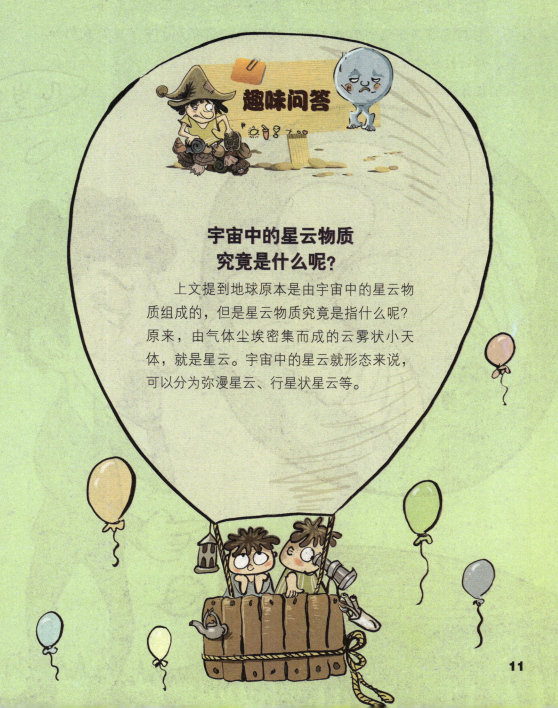

趣味问答

宇宙中的星云物质
究竟是什么呢？

上文提到地球原本是由宇宙中的星云物质组成的，但是星云物质究竟是指什么呢？原来，由气体尘埃密集而成的云雾状小天体，就是星云。宇宙中的星云就形态来说，可以分为弥漫星云、行星状星云等。

地球今年几岁了？

　　我们了解了地球的形成过程，会觉得那应该是很遥远的事情。但是，它到底有多遥远呢？我们的地球现在究竟有多少岁了呢？我们知道，那时候地球上还没有生命，更没有人类，那么这个年龄又是如何被人们推算出来的呢？

地球至今到底几岁了？

从古到今，生活在地球上的每一个人都十分关心地球年龄的问题。但由于古人缺乏必要的科学推算方法，所以，地球的年龄在相当长一段时间内都是个未解之谜。

后来，西方国家一些教会中的人宣称地球是上帝创造出来的，在当时这个无稽之谈曾受到很多人的追捧。后来，随着科

学的发展，科学家们才推算出，地球从形成到现在，大约有 46 亿年了。呵呵，小朋友一定很好奇这个结论是如何被计算出来的吧！

从古到今，人们计算地球年龄的方法有哪些呢？

其实，从17世纪开始，就有许多科学家试图通过海洋里的盐度来推算地球的年龄。他们假定海水在最初形成时是淡的，但由于河水把盐冲入海洋中才使海水变咸了。科学家们一致认为，如果能够知道目前海水的含盐量，然后算出全世界的河流每年大约把多少盐冲入海洋，这样就可以计算出海洋的年龄来，也就可以顺利地推算出地球的年龄了。

小朋友们，这可是个非常艰难的计算方法哟！要计算出全世界每条河流往海洋中注入的盐量，该有多么困难！更何况海水最初究竟是淡的还是咸的，这至今仍是个未

解之谜，所以，这种方法根本解决不了问题。

后来，有一些科学家又想通过测量海洋每年的沉积率来推算地球的年龄。他们认为如果能够计算出海洋每年的沉积率，然后再测出海洋沉积物的总厚度，就可以顺利地计算出海洋的年龄了。但是，它们却忽略了一点，地壳是不稳定的，海底也是不断运动的，海底的沉积物不一定全部是从海水中沉淀下来的，所以这种方法根本站不住脚。

人们一直在不断地摸索着计算地球年龄的方法。后来，达尔文提出了生物进化论，人们试图通过对生物化石年龄的鉴定，来确定地球岩石的年龄，最终知道地球的年龄。但是，小朋友们，我们都知道，地球最开始形成时是没有生物的，所以，用这种方法根本计算不出地球的实际年龄哟！

直到20世纪，随着人类科学的不断发展，科学家们终于找到了测定地球年龄的

最为可靠的方法，那就是同位素地质测定法。听起来好难懂哦，它究竟是一种什么样的神奇方法呢？

什么是同位素地质测定法？

在20世纪初期，人们发现在地壳中普遍存在着微量放射性元素。这种元素的原子核能够自动释放出某些粒子而变成其他元素，这种现象被叫作"放射性衰变"。在天然的条件下，放射性元素衰变的速度不受外界物理、化学条件的影响，能够始终保持稳定的状态。

铀就是自然界中存在的一种放射性元素，它放射后可以变成铅。科学家们只要在自然界中获取含有铀的岩石，测出其中铀与铅的含量，就可以十分准确地推算出地球上最古老的岩石的年龄了。据推算，最古老的岩石的年龄约为38亿年。

但是，岩石的年龄并不是地球的年龄哟！因为呀，地壳在形成之

前，地球还经过一段表层处于熔融状态的时期，科学家们认为再加上这个时期，地球的年龄约为46亿年。

后来，人们又用同样的方法推算出各类陨石以及"阿波罗"宇航员从月球上取回的月岩的年龄。结果，它们的年龄相仿。这说明太阳系中这些天体是同时形成的，同时也说明用这种方法来测定地球的年龄是比较准确的。

趣味问答

什么是同位素呢？

在上面我们提到用同位素地质测定法来测量地球的年龄，那什么是"同位素"呢？

这是化学中的一个概念。其实，所有的物质都是由原子组成的，原子的内部又是由原子核和电子组成的，原子核又是由质子和中子组成的。具有相同质子数不同中子数的同一元素的不同核素就互为同位素。同一元素的同位素虽然质量不同，但是它们却有相同的化学性质。

谁发现地球是圆形的？

我们都见过地球仪吧！呵呵，那个圆圆的、蓝色的球形物体就能代表地球。但是，大家是否想过地球为什么是圆的呢？我们每天在地球上行走，明明感觉它是平坦的、方形的，怎么会是圆的呢？这又有什么根据呢？那就让我们接着往下看吧！

古人眼中的地球是什么形状的呢?

古人因为自身认识水平有限，都认为地球应该像棋盘一样，是平的、方的，而头上的天空则只是覆盖在陆地上的一个弓形帐篷。但是，这一说法很快就被一种现象给否定了。

不知你注意过没有？当你到海边眺望远处慢慢驶过来的帆船时，船身都是由上而下渐渐显现的，而帆船在驶向大海时，船身又是由下而上渐渐消失的。如果地球果真是平的、方的，那么这种现象又该如何解释呢？

于是，人们都认为"天圆地方"的说法是不正确的，并由此还产生了"天圆地拱"说，人们认为天和地都是呈半球状的。

后来，人们又提出了各种学说，但是都没有具体的科学依据。

谁提出地球是圆的呢?

最早提出地球是球形的科学家是古希腊的毕达哥拉斯，毕达哥拉斯是一位数学家，也是一个唯心主义者，他主张用数学来解释宇宙。他认为，在所有的立体图形中，只有球形是最完美的。而宇宙作为一个完美的事物，也应该是球形的才对。这一说法虽然听起来似乎有些道理，但是却没有具体的理论依据来支持。

后来，另一位叫作德谟克利特的哲学家也认为地球是球形的，他认为宇宙中的一切物质都应该是由微小的颗粒"原子"凝结而成的球体。但是，他也没能为这种说法作出科学的论证。

在德谟克利特之后，古希腊的物理学家亚里士多德也提出了地球是球形的学说，不过他有一套科学理论来支持这一论断！他的理由是：在发生月食的时候，我们看到地球投在月球上的影子一直都是圆形的。所以，他认为地球应该是圆形的。后来，地球是圆形的这一说法得到了人们一致的认可。

但是，随着科学技术的不断发展，如今，人们已准确地知道地球并不是完全规则的圆形球体，而是一个两极略扁的不规则的椭圆形球体。

圆形地球的赤道周长是多少呢?

既然人们肯定地球是球形的，那么，它的赤道周长又是多少呢？地球那么大，大得超乎了我们的想象。那人们又是用什么方法计算出它的赤道周长的呢？

对于这个问题，在很久以前，人们就开始思考并付诸行动了。

首先是希腊人埃拉托色尼计算出了地球的赤道周长。他使用了一种天才般的方法：先测量出同一时间地面上两个地点的太阳光的角度，而两点间的距离是已知的，他就这样计算出了地球的赤道周长，约为40 000千米。这与后来人们测定的精确数字40 075千米十分接近哦！那在当时可是非常了不起的！

地球是宇宙的中心吗?

在我们人类眼中，地球是个既神秘而又重要的星球。所以，人们都认为地球一定是宇宙的中心，宇宙中所有的天体都绕着地球旋转才对，这就是"地心说"。尤其是在公元2世纪，天文学家克罗狄斯·托勒密公然在他的一本书中大肆宣扬"地心说"，这让当时的教会都认为"地心说"是正确的。

直到1 300多年后，波兰的天文学家和数学家哥白尼，在临死前公开了关于地球围绕太阳旋转的证据。几个世纪以后，哥白尼的"日心说"才得到证实和普遍的认可。

中国哪位科学家认为地球是圆形的呢？

小朋友，你知道中国最早提出这种学说的科学家是谁吗？

呵呵，他就是东汉的科学家张衡。他在为浑天仪作注时写道："天如鸡子，地如鸡中黄……"他认为大地就像鸡蛋中的蛋黄一样，被圆形的天包围着。但是由于当时各种技术条件的限制和宗教的束缚，这一观点并没有得到人们的认可。

趣味问答

地球的"壳"是什么做的?

我们平时站在地上，会感觉到地面很坚硬。但是，你知道吗？你站立的地表就是地球的外壳哟！它们是由什么物质构成的呢？是从哪里来的呢？它们具体的形成过程应该很复杂吧！如果想了解，就和我一起去看一下吧！

地球真有一个坚硬的壳吗？

地球是个圆形的大球体，这么大的一个球体，它的里面是什么呢？难道都像表层一样坚硬吗？

其实呀，这些问题，科学家们早就进行了深入地思考和研究，他们把地球从外到里，分成了三层：地壳、地幔和地核。地壳的主要成分是岩石，地幔中主要是含有镁、铁和硅的橄榄岩。其中，地核是地球的中心，主要成分是铁和镍。那里的最高温度可达到5 000℃，所以，铁和镍都是以液体的形态存在的！

所以说呀，地球并不是我们想象的那样，从外到里都是坚硬的哟！

地壳的岩石是从哪里来的呢?

地球的外壳主要是由岩石构成的,那这些岩石主要又是从哪里来的呢?我们从地球形成的过程中就已经知道,地壳表面的岩石是地层中的岩浆喷发出来后凝固形成的。

后来有人提出了不同的看法,认为这些岩石并不是全部来自于岩浆,还有一部分来自于海洋,比如说玄武岩。这个观点被科学家进行了深入地验证,结果证明,地壳表面的岩石的确来自岩浆,而另一部分则是在海水中形成的。人们把岩浆喷发所形成的岩石叫作"岩浆岩",而把在海洋中形成的岩石叫作"沉积岩"和"板岩"。

沉积岩和板岩到底是如何形成的呢?

沉积岩顾名思义就是沉积下来的岩石呗!你猜对了!不过它是在海洋中沉积而成的哦。

在很久以前,地球上有了河流和海洋之后,河流会把地表一些熔化的石灰带入海洋之中,它们就在低凹的地方重新沉积下来。另外,很多海洋生物的壳也是由石灰构成的,比如珊瑚、贝壳和许多微生物等,它们死后,骨骼也会沉入海底。

随着时间的推移,这样的沉积物就会越积越厚。上层产生的巨大重力会将下层的水分挤压出来,再经过下层的高温烘焙,最后就形成了坚硬的石灰石。以这种方式沉积下来的岩石也被叫作"沉积岩"。

大家要注意了,石灰石只是沉积岩的一种。在河流冲击的过程中,还会给海洋带来一些泥沙或者黏土，这些物质越沉越厚，在压力的作用下固化以后，沉积的泥沙就形成了砂石，而沉积下来的黏土就形成了板岩。

因为各种力量的作用，沉积岩也并非是完全在水中形成的。其实，空气和冰也可以不断地挤压这些材料使之形成岩石。大约12 000年前，陆地上长出了乔木和灌木。风肆无忌惮地在上空咆哮，它带起了地面上一些细小的黏土颗粒，在遇到乔木和灌木后，黏土就落了下来，由此形成了一种黄色的松软的岩石，那就是黄土状的岩石。中国的黄土高原就是这样形成的。

变质岩是如何产生的呢？

小朋友，上面我们了解了那么多岩石形成的原因。那么，你可以根据岩石的名字，猜猜另外一种岩石——变质岩是如何形成的吗？变质岩是不是其他岩石变质后形成的另外一种岩石呀？哈哈，你猜对了哟！变质岩是地球内部在运动的过程中，地表的一些岩石进入地球内部，在压力与温度的作用下，经过化学变化形成的新的岩石！比如大理岩就是由石灰岩变质而形成的，它就属于变质岩哦！

让我们来听听它的心跳

　　我们每个人都有心脏，它会不停地跳动。但是，我们赖以生存的地球的中心又是什么样子的呢？它是不是也有心脏呢？如果有，我们能不能听到它的心跳声呀？

地心，人类无法抵达的地方！

在19世纪，法国一位叫儒勒·凡尔纳的作家写了一本地心探险小说《地心历险记》，上面讲述了一个地质学家和他的两个同伴一起到地心探险的故事。他们先进入了冰岛一座死火山的火山口，在昏暗的岩石裂缝中行走了一圈又一圈，然后经过煤矿层、盐床和宝石洞，到达了一处地下海洋的海滩，后来，他们又穿越了地下海洋，摆脱了一只恐龙的追击，还到了传说中曾经沉入海底的亚特兰蒂斯大陆，最后火山爆发又将他们带到了地球表面。

这听起来一定很刺激、很好玩吧！但是，在现实中，人们真的能到达地心这个地方吗？那应该是不可能的哟！地心位于地表以下6 000多千米的位置，而人类目前能深入地下最远的距离也就只有十几千米左右。更何况，地球内部的温度是极高的，人们根本就不可能到达那里！

人类可以探测到地心的信息吗?

虽然人类不能够抵达地心,但是却知道地心大概是什么样子的!呵呵,这主要是因为人类可以根据大自然的力量——地震,"窥探"到地心的一些信息。

小朋友们,你们知道吗?地球其实每天都在震动,我们之所以感觉不到,是因为这种震动非常微弱。但人类却可以检测到这些震动,地震研究人员在全世界范围内放置了上百个高度灵敏的测量仪器,主要用来测量来自地表和地球深处的地震波。这不仅可以获知地球某次地震的准确位置,还可以根据它了解更多和地心有关的信息。

地球内部是什么样的呢？

科学家们根据记录下来的无数次地震波信息，最终获得了地球的"X光片"。小朋友，我们的地球内部其实就像一个洋葱头，是由许多叠加在一起的层面构成的。地质学家将它从外到里大致分为地壳、地幔和地核三部分，而每一层又都是由许许多多的小层组成的。

地壳只是地球外部很薄的一层硬壳而已。据推算，把地球和鸡蛋放在一起按照比例比较的话，地壳比鸡蛋壳还要薄呢！这么薄的地壳，爆发火山和地震就不足为奇了哟！

地壳的下部就是地幔，里面聚集着巨大的能量和热

量。小朋友，你知道吗？就是在上层地幔层区，温度也有上千摄氏度高呢，所以，此处的岩石都是黏稠状的。在高温作用下，岩石中所含的金属成分就会熔化，并会从地壳中较薄的位置喷涌而出，这就形成了火山。

地幔层中越深的位置，所承受的上层岩石的压力就越大，巨大的压力迫使岩石成为固态的。在地幔深处大约2 000多千米以下的地方，都是由特别重的岩石组成的，这种岩石在地球表层当然是不存在的喽。科学家们在实验室里的高压环境下才制成了一小块这样的岩石，研究人员称它为硅化盐——钙钛矿。小朋友，你知道吗？这种岩石在地球上存量很多，因为下层的地幔是地球最厚的一层，而且它的重量几乎是地球重量的一半哟！

地幔的下方就是地核喽，地核的温度很高，具体有多高，还没有人能测出来呢。不过，那里的温度足够使内部的物质熔化成液态状的。所以说呀，地核处储存着地球最大的"海洋"，但是它里面可不是水哟，而是液态铁，还有一部分是液态氧和硫的化合物。这一"海洋"形成了地球的内核，一直延伸到地球的中心点处。

地心会像人的心脏一样跳动吗？

小朋友，我们了解了地球的内部形态——地幔和地核。可以说，地核位于地球的中心地带，是地球的心脏，那么，它会像人的心脏一样跳动吗？

呵呵，地核部分受到来自地表和地幔的压力是最大的，而且它的温度很高，中心都是液态的"海洋"，那么，在压力的作用下，液态的海洋当然会不停地运动喽！但是因为距离太远，它运动时发出的声音我们是听不到的哟！

趣味问答

地球是不是像个鸡蛋呢？

我们知道，地球是由地壳、地幔、地核三部分组成的，而鸡蛋是由蛋壳、蛋清、蛋黄组成的。呵呵，这样说来，地球还真像个鸡蛋呢！鸡蛋的蛋壳就相当于地壳，蛋清就相当于地幔，蛋黄就是地核了。小朋友，你认为它们是不是很像呢？

地球真的有脉搏吗？

大家知道，我们每个人都有脉搏。可是，你知道地球有脉搏吗？呵呵，其实呢，地球也是有脉搏的，也是会有节奏地"跳动"的。小朋友一定感到很好奇吧，让我们一起去了解一下吧！

地球真的有脉搏吗?

小朋友，你现在找到你手腕处的动脉，轻轻按住，它是不是在有节奏地跳动呢？其实，地球也是有"脉搏"的，它也会不停地有节奏地"跳动"呢！它们就是各种潮汐现象。

呵呵，听起来是不是感到很陌生呢？那就看看，这个潮汐现象是如何产生的吧！不过，在了解潮汐现象以前，先要弄明白月亮与地球的关系！

月球是地球的卫士

在宇宙中，月球是绕地球运行的一颗卫星，也是离地球最近的天体，所以，它被人们称为"地球的卫士"。

月球和地球的年龄接近，但是它的直径、体积和质量却远远小于地球。月球绕地球一周所需的时间约为28天，相当于地球上一个月的时间。

什么是潮汐现象?

小朋友们，你们知道吗？宇宙万物之间都存在着一种相互吸引的力，叫万有引力。同样的，地球对月球也会产生引力，而且这个引力非常大，即便是月球以很高的速度绕地球旋转，它也不会飞离地球。

同时，月球也会对地球产生引力，因为月球比较小，所以它产生的引力要远远小于地球对它所产生的引力。据计算，月球对地球产生的引力约是地球对它所产生的引力的千万分之一。这样小的力，我们人是感觉不出来的。但是地球对它却极其敏感，以至于地球上的海洋会在这种力的作用下，产生海面周期性的涨落现象，这就是海洋潮汐。

因为这个力，坚硬的地壳也会产生地壳潮汐，每次都要相应地升降几十厘米；地球上的大气受它的影响，每天会产生大气潮汐。于是，科学家们就把上面说的海洋潮汐、地壳潮汐和大气潮汐合在一起，给它们起

了个通俗的名字，叫"地球的脉搏"。

呵呵，好形象的名字！这下你明白了吧！地球的脉搏不像人的脉搏那样，随心脏有节律地跳动，而是在月球的引力作用下产生的哟！

海洋潮汐有哪些具体的表现？

上文中，我们知道海洋潮汐，是地球在月球引力的作用下产生的海面周期性的涨落现象，那它具体是如何表现的呢？

原来呀，海水在一段时间内会由海岸退回大海，露出大片沙滩；一段时间后，在月球引力的作用下，潮水又会再次涨起，重新淹没这些地区。以前人们不明白这是一种自然现象，还以为海底栖息着一只巨大的怪兽，海水的涨落是由它的呼吸造成的呢！

地球像块大磁铁

说起磁铁，大家可能都不陌生吧！我们平时会用磁铁去捡落在地上的小铁钉或者其他金属，特别好玩。但是，小朋友，你知道吗？地球也是一个大磁铁哟！它也有北极和南极。呵呵，这听起来很令人吃惊吧！但却是事实哟！如果不信的话，就往下看吧！

地球像块大磁铁

　　我们到郊外去游玩，一不小心迷了路，拿出指北针，就可以辨别出方向。因为，无论你在世界的哪个地方，指北针的指针总是会一直指向北方。呵呵，这是不是很奇怪呢？它为什么会一直指向北方呢？

　　原来，地球上有磁场的存在，指北针的指针正是因为磁场的作用才一直指向北方的。

　　科学家曾经做过一个实验来证明磁场的存在：在磁铁上放一张纸，纸上再放一些铁屑，然后移动磁铁就可以控制铁屑，铁屑会呈线状由一边移向另一边。这与指北针指针的方向是一样的，都指向北方。这也就意味着，地球也像一块大的磁铁，它也有南北极，能产生磁场作用。

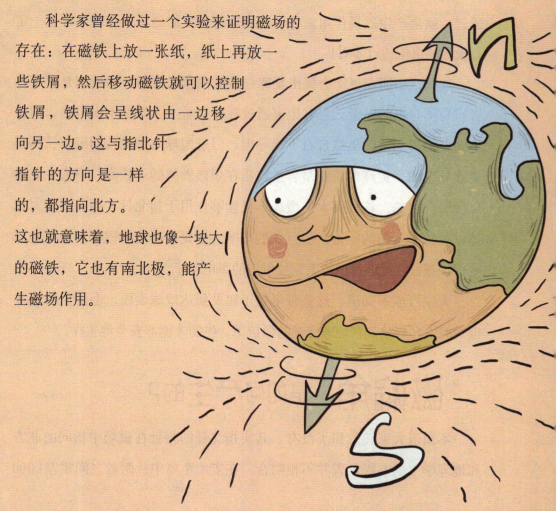

为什么说地球像块大磁铁？

可地球怎么会像磁铁呢？这太不可思议了，它为什么能产生磁场呢？难道它内部果真有一块大的磁铁吗？

千百年来，人们并没有在地球内部发现一块大磁铁。地球的磁力是由电流产生的。它是如何发生的，学者们的意见也是不统一的！

小朋友们，你们知道吗？电与磁有着密切的联系，物质只要有电流通过，就会产生磁场作用。要形成地球这么大的磁场，地球内部也一定有极强的电流通过才对！

这时，小朋友可能会提出疑惑：地球内部的大部分物质都是岩石，岩石是不导电的，怎么会有电流通过呢？这看上去好像不太可能，但是小朋友你要知道，虽然岩石不能导电，但是地球内部地核的液态铁却是能够导电的。也许电流就是各类物质在炽热沸腾的"铁海"中发生化学反应时产生的。这种强大的磁场不仅能够作用于指北针，而且还能对地球以外数千米内的宇宙产生巨大的影响。于是，周围的磁场就成了地球的保护罩，它能够过滤掉太阳放射出的带电粒子。

大家可能不知道，这些带电粒子如果到达地球表面，会给生物造成极大的生存威胁，在地球磁场的保护下，生物才能够安全地生存。

"磁偏角"是如何产生的？

不知道大家注意到了没有，其实指北针的指针在磁场中指向的北方和地理学上的北极位置并不相吻合，在实地距离中，两者之间相差1 000

千米左右呢！更准确地说，指北针指针的位置只是大概指向地理学上的北极，而与真正的正北方向还存在着几度的差异，这个角度被人们称为"磁偏角"。

不同的地方，磁偏角是不同的哟，航海员和飞行员的地图上都会明确地标明磁偏角的大小，这样可以更准确地算出方向。

趣味问答

什么是磁场？

我们上文说，地球是个大磁铁，它能产生巨大的磁场。但是，具体什么是磁场呢？呵呵，虽然我们不知道什么是磁场，但是我们在玩磁铁的时候，是否发现过这样的现象呢？

将两块磁铁的南极或北极同放在一起，它们就会产生相斥的力量；而如果将一块磁铁的南极与另一块磁铁的北极放在一起，它们就会相互吸引。人们就把这一力量所起的作用范围称为磁场。

早上，还没睡醒就被闹钟给惊醒，睁开眼睛一看，天居然大亮了。于是我们会很不情愿地起床，上学。心想，如果夜能够长一点就好了，那样就可以多睡会儿了！但是，小朋友，夜真的能变长吗？你能想出让它变长的方法吗？呵呵，要想出办法，还是先知道昼夜产生的原因吧！

咦，地球自己竟然会转！

我们知道，地球是宇宙中的一个大型球体。但是，它并不是固定地、静止地存在于那里的，而是会自己动的。它就像个转动的陀螺，会自动地绕地轴由西向东旋转，这就是地球的自转。它呀，自转一周所需的时间约 23 小时 56 分，差不多相当于一天的时间！

而且呀，它的转动是匀速的，不会快，也不会慢。小朋友可能会问：地球自转的能量来自哪里呢？这可是科学家们也还没有弄明白的问题呢！但可以肯定的是，它自转的能量主要来自于它自身，因为宇宙中似乎没有什么能给它提供自转能量的物体了！

昼夜是如何产生的呢?

　　小朋友，你知道吗？地球只是一颗星，它本身不能发光，也不透明，只能反射太阳的光线，也就是说太阳在某一时刻只能照到地球的一半。

　　你可以拿个地球仪，在地球仪的旁边放一个电灯泡，就好比太阳。我们任意移动地球仪，太阳光是不是只能照到地球的一半呢？呵呵，被照亮的一半就是白天，人们称它为昼半球；而没被照到的一半就是黑夜了，人们称它为夜半球。我们在晚上睡觉，就是因为地球转呀转，回到夜半球去了；而白天学习，是因为它又转回到昼半球去了。

　　呵呵，聪明的小朋友可以自己转动一下地球仪，很快就会明白了！

太阳为什么每天都会东升西落呢?

我们每天都能看到太阳从东边升起又从西边落下，好像太阳在不停地运动。其实不是哟！太阳的位置是固定的，它是不会移动的，只是我们的地球在不断地自转罢了。

可以再拿个地球仪演示一下，把一个亮灯泡固定在地球仪的一旁，然后再不断地拨动地球仪，地球总有一面是朝向太阳，接受光线的。这就意味着地球因为自转的作用，朝向太阳的并不总是同一面。地球一直在阳光下旋转，但是我们却感觉不到它的转动。如果不是人们知道这一点的话，看起来似乎真的是太阳升起来了，而实际上是因为人们随着地球的转动转向了太阳而已。

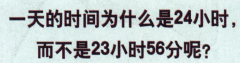

一天的时间为什么是24小时，而不是23小时56分呢?

上文提到，地球自转一周的时间约为23小时56分，那这样说来，我们一天的时间应该是23小时56分才对呀，为什么是24小时呢？

呵呵，原来，23小时56分这个时间，是地球相对于恒星运行一周的时间。而它相对于太阳旋转一周所需的时间是24小时。地球上黑夜白昼的产生主要是太阳的作用，所以，一天的时间就是24小时。

能不能让寒冷的冬季不再来?

春天百花盛开，夏天烈日炎炎，秋天硕果累累，冬天白雪皑皑，每个季节都有不同的色彩。但是，小朋友，你知道为什么会出现四季交替的变化吗? 春天很温暖，而冬天又太过寒冷，能不能让寒冷的冬天永远不再来呢?

什么是地球公转?

　　地球除了自身转动以外，还要绕太阳按照一定的轨迹进行转动，这就是地球的公转了。与地球自转具有的独特规律一样，地球公转是由太阳引力场以及它自转的作用共同产生的。

　　地球公转也有自身的规律，它绕太阳公转也是自西向东的。而且运行的路径并不是一个正圆，而是一个椭圆哟！太阳是它的焦点。地球的公转周期为一年，准确地说应该是365日5小时48分46秒。

四季是如何产生的呢?

地球公转所在的平面,叫作黄道面,它与地球自转的赤道平面之间的夹角为黄赤交角,这就造成了太阳直射点以一年为周期,在南北回归线之间进行移动,进而形成了温带地区的四季更替。

每年的3月21日,太阳直射点就从南往北移至赤道,全球昼夜平分,是我们的春分日。春分日前后的时间即从3月到5月为春天,那时候,北半球天气较温暖,万物复苏,百花盛开,是一个非常美丽的季节!

到了6月22日,太阳直射点开始北移至北回归线,成为北半球白昼最长的一天,也就是我们所说的夏至日。夏至日前后的时间,即从6月到8月为夏天,因为太阳直射北半球,所以天气比较炎热。

其后,太阳直射点就开始向南移,9月23日直射赤道,为秋分日。同

样，秋分日前后的时间，即从9月到11月为秋天。那个时候，北半球天气比较凉爽，是丰收的季节，到处都充满了欢声笑语。

到12月22日再移至南回归线，也就是我们的冬至日了。冬至日前后的时间即12月到2月为冬天。因为太阳在南半球，所以，北半球天气比较寒冷。

其实，四季更替是地球自转与绕太阳公转的共同结果，如果没有了其中任一条件，四季更替便不会产生，那么，地球上的一切也将会改变。

四季更替在全球都是一样的吗?

地球公转是一个自然过程，而四季的变化也是必然的。所以，小朋友，我们要永远停留在温暖的春季和凉爽的秋季，而避开寒冷的冬季，是不可能的哟!

其实，地球上的四季变化，首先是一种天文现象，它不仅仅意味着温度要呈周期性的变化，而且还意味着昼夜长短和太阳高度的周期性变化。当然了，昼夜长短和正午太阳高度的变化又决定了温度的变化。

小朋友们，要注意哦，四季更替在全球并非是统一的。北半球是夏季，南半球就是冬季；北半球由暖变冷，南半球则开始由冷变暖，刚好是相反的呢。但是各个季节之间是没有明显界限的，季节的转变是逐渐的。

趣味问答

地球的哪个地方没有四季变化呢？

小朋友，地球的公转产生了四季交替现象，但是全球都是四季分明的吗？

嘿嘿，可不是哟！在温带才有四季交替现象，在寒带地区与热带地区则是没有四季交替的。比如地球的两极地区，属于寒带，一年四季都是极为寒冷的；又比如地球的赤道地区，属于热带，一年四季又都是十分炎热的。

脚下的陆地还在动呀

小朋友，你知道吗？我们脚下的陆地每时每刻都在移动，我们之所以感觉不到，是因为它们太大了，而且移动的速度太慢了。呵呵，这听起来有些奇怪。其实，在漫漫的历史长河中，地球的表面形态一直都处于不断地变化之中，高山隆起又被移平，陆地升高又下降，河流改道，原始森林变成沙漠……这究竟是怎么回事呢？

你能说出地球有几大板块吗？

如果你见过世界地图，就会发现地球表面并不是整体统一的岩石，而是被海洋分裂成许多大块，这些大块的岩石被称为板块。

1968年，法国的勒皮雄根据各方面的资料，将全球的岩石圈分为六大板块，即太平洋板块、欧亚板块、印度洋板块、非洲板块、美洲板块和南极洲板块。

板块实际上就是地球表层的岩石圈，它包含了地壳以及一小部分的上层地幔。因此板块没有"大陆板块"与"海洋板块"的分法哟，只有依其主要的成分组成才划分为"大陆性板块"与"海洋性板块"。

★陆真的在漂移吗?

　　小朋友，你现在拿起地图仔细观察一下，非洲板块与美洲板块是否像两个能够拼在一起的拼图呢?

　　虽然它们被宽达数千千米的大西洋所阻隔，但是看上去似乎曾经是相连

的。更为重要的是：它们不仅仅是海岸线相吻合，位于南非一处的山脉走势也延伸到了南美洲的阿根廷，而巴西一处的高原则延伸到了非洲象牙海岸的岸边，而且人们还在两块大陆上发现了类似的矿藏和生物化石。这一系列相吻合的现象，最早是被德国一位叫作魏格纳的气象学家发现的。并由此得出结论：大陆板块在"漂移"。

其实，早在3亿年前，地球上所有的大陆都是连在一起的，组成了一个巨大的原始大陆。魏格纳将其命名为"盘古大陆"。在约2亿年前，盘古大陆就逐渐分裂为几块相连接的大陆。这与漂浮在海上的冰山是类似的哟！断裂带漂浮在上层地幔黏稠的熔岩上方，它们相互分离，自由漂动，就变成了今天的位置。

★大陆板块是如何漂移的？

其实，六个大陆板块时刻都在漂移，它们漂浮在上层地幔黏稠的熔岩上方，以每年几十厘米的速度不断地运动着。它们移动的动力来自于下层地幔中的熔岩流动，由于地球内部的高温作用，黏稠的熔岩在那里不断地上升或者下沉。虽然大陆也随之移动，不断地变换位置，但却依旧是位于地幔的上方。

在一些地方，因为地底的力量十分巨大，它会推开两大板块，因此在板块的边缘出现了断层。炽热的岩浆会涌出地表，凝固成玄武岩，这样就会不断地产生新板块的材料。

随着时间的增长，大量的玄武岩就创造出了世界上最长的山脉。因为都位于海平面的下方，所以，这些山脉不为人知，但是却被人们称为"大洋中的山脊"。

同时，地表并不是无边无际的，当断层区域附近产生了构成新板块的材料时，必然会在某一些地方减少材料。事实上，在两大板块相邻的地方，其中的一个板块会推动另一板块，它们就会以45°的倾斜角被压进炽热的地幔中，在600千米的深处熔化。在这个下沉的过程中，也会牵动

部分的海底，并因此产生了海沟。

其实，地球自地壳冷却下来以后，这些板块就一直处于运动之中！

大陆漂移对人类生活有哪些影响呢？

大陆每天都在不停地漂移，这对我们人类有哪些影响呢？

其实，板块不断漂移是地表外貌形成的重要原因。在两大板块相互挤压或者分离的地方，在一个板块沉入另一个板块下边的地方，在重新形成部分地壳的地方，就会形成地质不稳定区，那里会形成高山，也会经常发生地震和火山爆发等自然灾害，对人类的生存有着巨大的影响。

那么多的
大海，
地球该叫
水球吧？

在宇宙中，地球看上去像一颗"蓝色的水球"。因为地球的表面分布着大面积的海洋，海洋面积占据了地球表面的71%，所以，严格地说，地球应该是个"水球"！那地球上为什么有这么多水呢？它们是如何形成的呢？如果想不明白，就随我去看一下吧！

地球上究竟有多少水呢？

地球上，水主要分布在海洋中，它的面积约为三亿多万平方千米，共含有十三亿多万立方千米的水。再加上其他的一些河流、湖泊中的水资源，小朋友，可以想象，那会是一个多么庞大的数字啊！

另外，还有空中飘浮着的水蒸气，人们日常饮用的地下水，它们都是地球水资源的一部分。因此，我们称地球为"水球"一点儿也不为过。

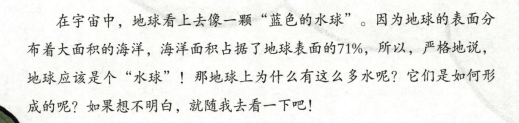

海洋是如何形成的呢?

　　大约在45亿年前，在原始地球形成以后，密度较大、较重的物质都沉入到了地球的内部，成为地壳、地幔和地核。在高温下，内部的水分与气体一起冲出来，飞升到空中。但是因为地心的吸引力，它们又不能跑掉，只能旋转在地球的周围，成为气水合一的圈层。

　　后来，随着地球表面温度的不断降低，上层的水蒸气开始不断凝固，然后形成了液态的水，降落到地面，在低凹的地方汇集起来，这就形成了原始的海洋。

原始海洋中的海水并不是咸的，而是呈酸性的。随后，水分不断地蒸发，形成云，然后再变成雨，重新回落到地面上。再将陆地和海底岩石中的盐分溶解掉，开始不断地汇集于海水之中。经过亿万年的积累与融合，才变成了咸水。

后来，水量和盐分逐渐增加，原始海洋就慢慢地变成了今天的海洋。

水对气候有什么影响?

水产生以后，对地球上生命体的诞生和繁衍产生了巨大的作用。同时，它对气候也具有调节作用。

因为大气中的水汽可以阻挡绝大部分的地球辐射量，能够保护地球不致冷却。在夏季，海洋与陆地上的水体能够吸收并且储蓄热量，不会

使地球表层的温度过高；在冬季，水体又会缓慢地释放出一定的热量，使地球表层的温度也不至于过低。

另外，海洋与地表中的水在高温情况下，被蒸发到空中形成了云。云再以降水的形式落下来，就变成了雨，冬天则变成了雪。另外一部分则渗入地下成了人们饮用的地下水。地下水又能够从地球表层中冒出来，形成泉水，再经过小溪、江河等渠道汇入大海之中。最终形成了一个水循环。

雨、雪等降水活动对气候也能够产生重要影响。在温带季风性气候中，夏季风带来了丰富的水汽，夏秋多雨，冬春少雨，形成了十分明显的干湿两季。

此外，在自然界中，由于不同的气候条件，水还会以冰雹、雾、露水和霜等形态出现并影响人类的活动。

人们为什么不把地球叫作水球？

我们知道，水占了地球表层面积的71%，人们应该叫地球为水球才对呀！但是，人们为什么还称它为地球呢？

原来，在古时候，人们基本都生活在陆地上，无法认识到地球的全貌。再加上古代航海技术的落后，根本就不知道海究竟有多大，地球上到底有多少水，而且大部分的人都居住在内陆，所以，古人就将我们生活的这颗星球取名叫地球了。

冰山是"冰"还是"山"呢？

大家一定都听说过冰山吧！冰山具体是什么呢？难道是指上面有冰的山峰吗？或者是像山川一样大的冰块吗？世界上为什么会有那么大的冰块呢？呵呵，小朋友们一定很好奇吧！那就赶快随我一起去寻找答案吧！

你知道冰山吗?

小朋友们，你们知道吗? 地球上有很多特别寒冷的地方，在那里有许多冰山。比如南极，全年的平均气温约为 -20℃！而且风速也很大。所以，那里都覆盖着厚达几千米的冰盖，冰都是由很纯净的淡水组成的。从冰川或者极地冰盖临海的一端破裂落入海中漂浮的大块冰，就是冰山了！

在南极洲的格陵兰岛周围有很多大的冰山，一般都呈平板状，体积巨大。另外，在北冰洋附近也有很高的冰山！

冰山是如何形成的呢?

那么大的冰山，它是如何形成的呢? 其实，南极洲上面的冰盖曾经都是雪，因为这些地区的温度很低，它们不可能在一周或者一个月之内融化，而是不断地层层叠加，由此产生了巨大的压力，将深处的雪压紧，并最终变成了冰。这一过程在阿尔卑斯山顶持

续了几十年呢！而在降水稀少的南极洲则持续了几千年，最终形成了厚厚的冰层或冰盖。然而，每年的春夏季节，天气变暖，会使冰盖边缘的冰融化。在冰川或者冰盖与大海相接的地方，在冰与海水相互运动的作用下，冰盖就会断裂，滑入海水中，这就形成了冰山。

大多数冰山在海洋中露出水面的一角仅仅是整座冰山的1/10，可见，冰山在海中埋着的部分有多大！

另外，在极地地区，每过几周都会有一部分冰川在"隆隆"的声响之中崩裂开来，人们将这种现象称为"冰崩"。

海洋中的"金字塔"和"桌子"

一般情况下，冰山都呈金字塔形或者桌子形。在北极，金字塔形的冰山最为常见，而在南极冰盖附近的海洋中，经常漂浮着桌子状的冰山，而且它的体积还很大呢！

在南极的马尔维纳斯群岛附近，有人见到一座桌面的冰山，仅仅露出水面的部分就约有 450 米高。一般情况下，冰山露出水面的部分都不会超过它体积的四分之一，所以可以推测出，这座冰山的整个高度差不多有 2 000 米呢。呵呵，它还真像陆地上的一座大山呢！

那么冷的冰山上有没有生物存在呢？

我们说冰山是在零下几十摄氏度的极地地区形成的，所以，它上面一定极为寒冷。那它上面应该不会有生物存在吧？

呵呵，冰山上虽然很冷，但是上面也是有生物存在的。原来，冰山在漂向大海的过程中，它能够从空气中获得许多矿物质。在融化的过程中，它又能够将矿物质释放出来，这样就可以让藻类生物大量地繁殖，而藻类又可以养活磷虾。所以，藻类和磷虾就是冰山的"主人"了。

大气层是地球的外衣

　　小朋友，你知道吗？地球是被一个由内向外逐渐变薄的气体包裹着的。它对我们十分重要，当然，它不仅仅用于呼吸，还能够使地球表层的温度保持均衡！不至于在夏天的时候太热，冬天的时候太冷。另外，它还能保护我们不受宇宙中危险射线的辐射。但是，你知道这些气体是由什么组成的吗？它对我们人类又有哪些影响呢？

地球是个大"气球"

科学家们认为气体是无处不在的。在地球上,不仅包括地球表面大气圈中的气体,还包括寄居于地球的地幔与地核中的岩浆与流体中的水蒸气,以及氮、二氧化碳、二氧化硫、氯、氟和氢等气体。

从高空到地表,从地表到地壳,从地壳再到地幔都有一个由一圈圈气体组成的层圈。所以,有人称,地球就是个大"气球"。气体密度随着离地面高度的增加而变得越来越稀薄。据科学家估算,大气的厚度约有1 000千米以上呢,但是没有十分明确的界限。

地球大气主要有哪些成员?

地球上的大气就像是一个大家庭，它们最主要的家庭成员有：氮、氧、氩和二氧化碳等。另外，大气中还有水蒸气和一些悬浮的尘粒，还有极少的氖、氦、氢、一氧化碳和臭氧等气体。

氮是空气的主要成分，大约占空气总积的78%。之前，人们都认为氮是空气中最"无用的气体"。这可是冤枉了它哟！要知道，生命最重要的组成成分是蛋白质，而氮又是蛋白质的主要成分。所以，它可是生命的基础，大自然是不能少了它的！

至于氧气这位和人类最为亲密的老朋友，是人类与动物呼吸所不可缺少的气体。原本地球中是没有氧气的，直到地球上有了绿色植物以后，经过光合作用，才有了氧气。

二氧化碳也是空气的主要成分，它可是地球的保护者。它可以有效地调节地球表面的气温，白天，当太阳照射到地球表层的时候，它可以有效地吸收射到大地的热量，不至于使地球温度过高。同时，又可以保护散发到地球表层的热量，使它们不至于散发到太空中去，由此不至于使晚上地球的温度过低。

另外，尘粒也是大气中含量比较多的物质。这可能出乎大家的意料吧！比如，在一个黑暗的屋中，打开手电筒，我们可以看到很多不断飞舞的尘粒。吓你一跳吧，可我们就是生活在尘粒之中的。

地球大气分为哪几层?

地球表层的"外衣"虽然都是一些轻薄的气体，但是并不像我们想象的那样，是一件薄薄的、透明的纱衣，它的"外衣"是可以分层的哟！共有五层，分别为：对流层、平流层、中间层、热层和散逸层。

最接近地球表面的一层大气，空气以上升气流和下降气流的对流运动为主，因此就叫作"对流层"。对流层大气是大气中最为稠密的一层。大气中的水汽大都集中于此，是一切天气现象活动的"大舞台"，风、霜、雨、雪、云和冰雹等都在这一层里"表演"。所以，它是大气

中最为活跃的一层，也是对地面影响最大的一层。

在对流层的上方，气流的对流现象减弱，主要表现为水平运动，这一层大气就叫作"平流层"。这里基本没有水汽，尘埃也很少，几乎没有什么天气变化，气流较平稳，非常适合飞机航行。

平流层的高层地区，因为温度很高，所以被称为"热层"。这一层经常会出现极光、流星等有趣的天文现象。

另外，热层与人类的关系还极为密切呢！热层的大气因为受太阳辐射，温度相对较高，昼夜温差也大。这一层的气体分子或者原子大量地电离，复合的概率又很小，因此就形成了电离层，能够导电。人类借助它，实现了短波无线电通信，使远隔重洋的人们能够相互沟通。

在热层以上就是大气的外层了，又叫作"散逸层"。这里的空气稀薄，只是空气中个别的小淘气在那里游荡罢了，可是要找到它们比在大海里捞针还难。而且，那里的温度也极高，可达到数千度呢！

什么是"极光"现象呢?

我们知道，在大气的中间层和热层中经常会出现"极光"现象。但是什么是"极光"现象呢?

极光现象通常都发生在地球的两极地区。在白天，太阳带电粒子进入地球的磁场，留在地球的高空，夜间便能闪出非常美丽的光辉，这就是极光现象。

极光非常美丽，五彩缤纷，而且形状不一，在自然界中还没有哪种现象能和它媲美呢，人类的任何彩笔都很难将它描绘出来!

臭氧层是不是很臭呀？

在地球上空大气平流层中，还有一种十分特殊的气体，叫臭氧。它可是人类生命的重要保护伞哟！呵呵，只听它的名字，觉得它应该是一种很臭的气体！那臭氧是不是真的很臭呢？它是用什么办法来保护人类的呢？

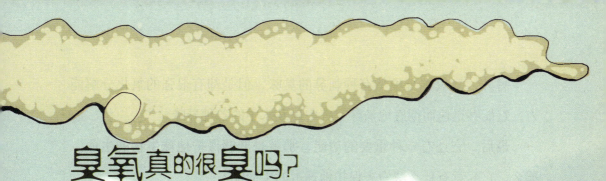

臭氧真的很臭吗?

　　臭氧是氧的一位小兄弟。臭氧是由于它确实有股特殊的臭味而得名的。臭氧在地球表面是极为稀少的，从离地球表面5至10千米开始，它的含量随高度增加而逐步增加。在距地面20至25千米的地方，臭氧含量是最大的。所以，人们就称那里的大气层为臭氧层。

　　臭氧本身是一种有毒、有腐蚀性的气体，但是它有很多种用途呢！它不仅能除掉果蔬、粮食中残留的农药、化肥等有毒物质；也能清除肉、蛋中的抗生素、化学添加剂等有害物质；还可以杀死水中的一些细菌，是一种功能齐全的净化剂。

另外，臭氧本身虽然有种刺鼻的臭味，但是却有很强的氧化分解能力。它能够迅速而彻底地消除空气中以及水中的各种异味。

最后，它还有一种重要的功能，那就是能够保护地球生物的生命。那么，它究竟有什么威力去保护地球上的生命呢？

臭氧是地球生命重要的保护伞！

原来呀，臭氧有一项十分强大的本领，那就是能够吸收来自太阳的紫外线。你知道吗？紫外线对地球上的生命是十分有害的，它照射在皮肤上时，会发生光照性皮炎，皮肤上会出现红斑、水疱和水肿等，严重的话，还会引发皮肤癌。

另外，紫外线如果作用于动物与人的中枢神经系统，会出现头痛、头晕和体温升高等症状；作用于眼部，可以引起结膜炎、角膜炎，还有可能诱发白内障呢！看看，紫外线对地球生物的生存会造成多大的威胁呀！

还好，大气中有了臭氧层。它能够吸收绝大部分的太阳紫外线辐射，保障了地球生命的安全。有人认为，臭氧层减少到只有

原来的1/5时，将是地球上生命存亡的临界点。所以，臭氧层是地球生命的保护伞！

臭氧空洞出现了！

臭氧层对人类的生存活动十分重要，但是人类却在不断地破坏它！现在人们使用的冰箱中，有一种叫氟利昂的制冷剂，它可是破坏臭氧层的罪魁祸首。

在极地附近，臭氧层的破坏最为严重，因为臭氧层变薄主要是在极地的低温环境下发生的。南极上方的臭氧层每年都在变

薄，人们将它称为"臭氧层空洞"。北极上方的臭氧层也在变薄，只是程度没有南极那么严重。臭氧空洞的出现，会给人类造成极大的威胁！

臭氧减少除了能够对人类产生致命的生物学危害之外，最后还会造成平流层变冷和地面变暖，这样会影响人类的生活和生存。所以，世界各国都在呼吁要减少或杜绝对某些化学物质的排放，以保护臭氧层。

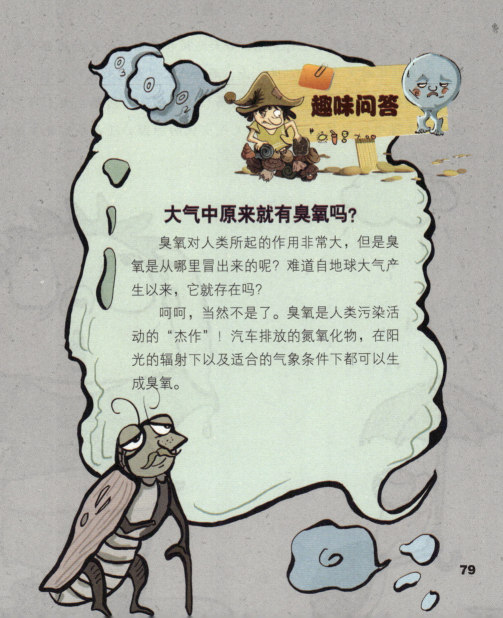

趣味问答

大气中原来就有臭氧吗？

臭氧对人类所起的作用非常大，但是臭氧是从哪里冒出来的呢？难道自地球大气产生以来，它就存在吗？

呵呵，当然不是了。臭氧是人类污染活动的"杰作"！汽车排放的氮氧化物，在阳光的辐射下以及适合的气象条件下都可以生成臭氧。

风、云、雨是从哪里来的呢？

天气几乎每天都发生着变化，昨天还风和日丽，今天就乌云密布，不一会儿就下起大雨来了。风、云、雨为什么说来就来呢？它们又是从哪里来的呢？人们有办法控制它们吗？这些常见的问题，大家可能都没有思考过吧！要想更好地了解天气变化的原因，还是尽可能多地了解地理知识吧！

风是从哪里刮过来的?

我们几乎每天都能感受到风的存在，但是小朋友们，你们知道什么是风吗？风其实就是空气的运动。我们经常见到的大风、小风都是大气运动的结果。

那么，空气为什么会运动呢？是谁给它的力量呢？

那就先动手做这样一个试验吧：准备一只盛有少量水的盘子和一只空玻璃杯。然后把一张燃着的纸片放进杯子中，再迅速将杯子倒过来放在盘子里。当火熄灭后，你就会发现一个奇怪的现象：盘子中的水像见了魔鬼一样，纷纷躲到杯子里去了。呵呵，你知道是什么力量将水都推到杯子中去了吗？原来呀，当杯子中的纸在燃烧的时候，杯中的空气受热膨胀，但还有一部分空气便乘机跑到外面凉快。杯子中的空气自然就少了，压力也自然比杯外的大气压小了。所以，当我们把杯子倒放在水里时，外面较大的大气压就将水压到杯子中去了。

　　试验做好了吗？其实，这个试验就说明：当大气受热膨胀后，压力就会变小，而其他地方的大气就迅速地补充过来，这个过程就形成了风。

　　同样，在地球上同一个地区的白天与黑夜气温的变化是极大的，空气的压力也是不同的，这个过程就能形成风。另外，在地球上的不同地方，比如南方与北方在同一时期，气温也是不同的，气压也不同，于是就产生了风。

　　总之，风就是空气从高气压区向低气压区流动的过程。当然喽，这只是风形成的一个原因，实际情况是比较复杂的哟！

天上千姿百态的云是如何形成的？

　　在晴朗的天空中，我们经常能见到飘浮的白云。在大雨来临前，我们也能见到黑色的云。天上为什么会有云呢？它们是如何形成的呢？

　　要想了解云，就先知道什么是蒸发吧！不知道小朋友们注意到了

没有：我们在地上洒的水一会儿就不见了；窗外晾着的衣服一会儿就干了，那些水都到哪儿去了呢？原来呀，它们受太阳辐射后都变成水蒸气跑到空气中去了。这个过程就叫作"蒸发"。

这些水蒸气到了高空以后，遇冷就会凝结在一起，凝结的水蒸气就变成了小水滴，这些小水滴非常小，聚集在一起，就成了天上的云。

因为它们比较轻比较小，所以往下降落的速度也很慢。在降落的过程中，又会随时被上升的气流抬起来，或者在没降落到地面前就被蒸发掉了。所以，它们就成片成片地飘浮在空气中。

小朋友一定会问：我们平时见到的云有洁白的、有乌黑的、有灰色的、还有红色与黄色的，它们身上的色彩又是从哪里来的呢？其实呀，天上的云都是白色的，只是因为云层的厚度不同，它们在太阳光的照射下，就显出了不同的颜色。

雨如何在大气中成长？

了解了云的形成过程以后，你一定就知道雨是如何形成的吧！雨也是空气中的水蒸气变来的。不过呢，它形成的过程比云要复杂一些哟！

水蒸气在空中遇冷先要变成小水滴，聚集在一起形成云。云中的小水滴要变成雨降落到地面上，它的体积至少要增大100多万倍呢！那这些小水滴是如何让自己的体积增大那么多呢？

这要经历两个复杂的过程：一个是凝结增大的过程，二是云滴的合并增大的过程。

在雨还是小水滴的时候，随着周围温度的降低，它会不断地与云体中其他的小水滴凝结。如果一片云体内的小水滴源源不断地得到供应和补充，这种凝结就会不断地持续下去，直到云滴不断增大。但是，如果云层内的水汽含量十分有限，在同一块云中，水汽供不应求，这样就不可能使每一个云滴增大成为雨滴，这时一些较小的云滴就会归并到较大的云滴中去。

在这个过程中，如果云层内温度过低，云内就会出现水滴和冰晶共存的情况，那么，就会加快雨点凝结的速度。当云中的云滴增大到一定程度时，它们就会往下落。当然，在下落的过程中，还会"吞并"飘浮在空气中的更小的云滴，让自己更加的壮大，壮大到它原来体积的100多万倍，当空气托不住时，就会从云中直接落到地面上，成为我们经常见到的雨水。

趣味问答

酸雨是如何形成的呢?

我们知道了雨的形成过程，就大概可以推断出酸雨的形成过程了吧！小朋友可能对酸雨还十分陌生。其实，酸雨是因为大量燃烧化石燃料或生活物质，将酸性化合物，比如二氧化硫或者一些含氮的化合物排放到空气中，而形成了含有硫酸、硝酸等酸性物质的雨，再降落到地面上。

酸雨和雨的形成过程是一样的，只不过小水滴在形成雨的过程中掺进了一些酸性物质而已。

雷鸣和闪电真的与神仙有关吗?

　　大家一定听说过雷公和电母的传说吧! 他们手中各自握着法器, 只要在空中做法, 地下就能够看到快捷的闪电, 听到隆隆的雷声, 可神气了呢! 但是, 世界上真的有雷公和电母吗? 那在他们做法的时候, 我们为什么都看不到他们呢? 呵呵, 雷公和电母只是一个神话传说而已, 现实中是不存在的哟!

雷声和闪电是如何形成的呢?

在夏天暴雨来临之前，通常都能听到轰隆隆的雷声并看到刺眼的闪电。它们为何会在大雨来临之前才"光临"地球呢?

原来在大雨来临之前，空中的尘埃、冰晶等物质会在空中来回地翻腾，经过一些复杂的运动，那些物质就会带上正负电荷。那些质量较大的物质一般都带负电荷，会沉到云层的下部，而质量较小的物质一般带正电荷，会跑到云层的上部。这样，云层的上部和下部之间就形成了一个电位差。当电位差达到一定程度后，就会放电，这就是闪电的形成过程。小朋友，你知道吗? 闪电放出的最大电量，能够抵得上一个小型核电站的输出功率呢!

在放电的过程中会产

生热量，使闪电通道上的空气和云滴受热而突然膨胀并发出巨大声响，这就是雷鸣声了。

　　闪电与打雷听起来是不是很复杂呢？但它们的形成却是一个十分迅速的过程哦。由此可以证明，雷电是一种自然现象，和神仙是无关的！

闪电与打雷为什么"不同时发生"？

　　从闪电与雷声产生的过程可知，闪电和雷声是同时发生的。但是为何我们在地上会先看到闪电然后才听到雷声呢？

　　这呀，主要是由光和声在空气中的传播速度的差异造成的。在空气中，光的传播速度约每秒30万千米，而声音每秒只能走约340米。两者虽然同时发生，但是闪电却会先"现身"。

　　根据这个现象，我们可以从看到闪电与听到雷声后的时间差，计算出闪电发生处与我们

的距离。比如，闪电出现，相隔约10秒钟后我们听到了雷声，就说明这场雷雨距离我们大概只有3 400米远。快动动你聪明的大脑，计算一下这个结果是否正确吧！

你知道第一个从天空抓到闪电的人是谁吗?

因为闪电本身带有强大的电流，所以对地面上的建筑物能起到毁坏作用，而且有时还能伤害到人类呢！为了避免雷电的伤害，人类发明了避雷针。大家一定知道避雷针的发明者是富兰克林吧！那他又是如何发明避雷针的呢?

原来，有一年的夏天，狂风暴雨，雷电交加。突然，一个霹雷击中了富兰克林家附近的一座教堂的尖顶。紧接着，教堂就起火了。看到这种现象后，富兰克林就想：雷电是怎样产生的呢?

带着这个疑问，富兰克林开始了自己的实验。在又一个雷电交加的日子，他站在

家门口，事先就把一只风筝放到了高高的房顶上。他手中拉着风筝线，当雷电来时，他明显感觉到手上有被电击的感觉。接着，他又用一种能够储存静电的装置将来自天空的电储存起来，并且通过实验进一步证实，雷电与用摩擦方法得到的电是一样的。就这样，富兰克林彻底弄清楚了雷电产生的原因，并发明了避雷针。小朋友，你知道吗？富兰克林的成功是冒着生命危险取得的，他的这种献身科学的大无畏精神，是很值得我们学习的哟！

我们身上会产生"电"吗?

上文中,我们知道,雷电产生的电与摩擦产生的电是一样的。所以,有摩擦的地方就有可能会放电哟!

其实,在你的身上也会产生一种"电"现象呢!但这种现象叫作"静电"。比如,当你夜晚脱衣服时,你如果是穿了一件化纤制作的衣服,比如毛衣,随着脱衣服的动作,你会听到噼啪噼啪的响声,甚至见到闪烁的火星,这就是你身上的"静电"哟。还有在干燥的冬季,我们梳头发时,在梳子和头发的摩擦作用下,也会产生"静电"现象,你注意到了吗?

地球上最早的"居民"

　　地球与其他行星最大的不同，就是它孕育了无数的生命。小朋友，我们知道，地球刚形成时，上面是没有生命的，有了海洋和空气之后，才逐渐地出现了生命。呵呵，那地球上的生命是如何产生的呢？谁是地球上最早的"居民"呢？

地球上最早的物质财富的创造者！

我们已经知道，地球的年龄约为46亿年。在地球形成初期，地球表层到处都是火山喷发后的岩浆，大气中充满了水蒸气、氨、甲烷、氢和其他气体，没有游离氧。地表的水也要比现在少很多。除了泥沙、岩浆以外，是没有任何生物活动的。

过了很长一段时间，随着地表温度的降低，海洋的形成，就慢慢地产生了蓝藻。它们就是地球上最早的居民，这也是地球史与生物史上的一次大飞跃。蓝藻中含有叶绿素，它可以从大气中摄取二氧化碳，通过光合作用，再释放出游离的氧。大气中游离氧的增加，为动物的产生与发展创造了必要的条件。

后来，蓝藻越来越多，大气中的氧气也越来越

多，又为一些需要少量氧气便能够存活的细菌创造了发展的条件。从这以后，地球上的生命物质就越来越多了。

如此看来，地球经过了一个从没生命到有生命的漫长时期。而最早的生命就是蓝藻和细菌，它们的出现，不仅给地球带来了生命的气息，而且也从根本上改变了地球的面貌。如果没有蓝藻早期的造氧作用，很难想象今天的地球会是什么样子。那些细菌虽然小，但却是地球上最早的物质财富的创造者哦。

最早"居民"的摇篮在哪里?

地球上最早的生物是蓝藻和细菌，那么，它们是在什么样的环境下孕育出来的呢？呵呵，当然是海洋喽。因为生命的孕育离不开水嘛！

后来，人们从蓝藻出现的那一时期形成的岩石来看，海洋中不仅沉积了很多很厚的碳酸盐类，还有极为丰富的海藻。当时的蓝藻呈单细胞、群体或

者丝状。它们附在浅海底生活，吸取二氧化碳。从而提高了海水的含碱度，使之与河流从陆地上溶解挟带来的重碳酸盐发生化学反应，沉淀到海底，形成了海藻礁。

随后，蓝藻又呈现出不同的形态，有的像春天的竹笋；有的成为卵形；有的像蘑菇。直到后来，又有了蓝、绿和红等多种色彩的藻类植物，它们将茫茫无际的大海打扮得五彩缤纷。人们称这段时期为"藻类的时代"。

随着藻类植物的生长，大气中游离氧增加，在原始大气中逐渐形成了一层稀薄的臭氧层，臭氧层慢慢成了地球的保护伞。同时藻类的增加，也为原始动物的产生准备了必备的食物。因此，到震旦纪晚期，许多原始动物就出现在海洋中了，比如水母、蠕虫类等。

海洋中的"霸王"——三叶虫

　　随着地球表层的地壳运动逐渐趋于平静，气候也变得适中了。在温暖明静的浅海之中，各种无脊椎动物开始繁衍生息，其中，三叶虫的数量最多，是海洋中的"霸王"。所以，这个时期就被人们称为"无脊椎动物的兴盛期"！

　　小朋友们可能还没见过三叶虫吧！三叶虫是一种节肢动物，它们的身体纵向、横向都可以分为三节。横向断开可以分为头、胸和尾三部分，而且每一节可以纵向分开为中轴、左肋、右肋三条，所以，人们称它为"三叶虫"。

另外，在三叶虫兴旺的时期，海洋中还有另一种原始的腕足类动物蜗牛，它们的数量仅次于三叶虫。蜗牛也是当时海洋居民中极为重要的一类角色，它们的出现给海洋增添了不少生机。

趣味问答

细菌对生物进化起到了哪些作用？

我们知道，地球上有了蓝藻以后就出现了细菌，蓝藻为地球提供了氧气，成为地球财富的第一个创造者，那细菌有什么作用呢？

其实，细菌对推动生物进化起到了十分重要的作用呢！蓝藻是地球上最早的生命体，但是蓝藻也是会死亡的，而细菌就起到了分解藻类遗体的作用。否则，当时的海洋一定会被藻类生物全部"霸占"的，很难有其他生物的立足之地，那将会大大推迟其他生物进化的进程。

轰隆，地球生气了

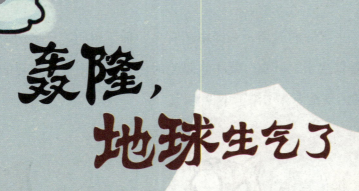

　　大家对地震都不陌生吧！地震的威力是巨大的，强烈的地震可以导致山崩地裂、房屋倒塌、水库垮塌、火车出轨……给我们的生命财产造成巨大的损失。这么坚实的大地为什么会突然震颤呢？是地球生气了吗？那就让我们去看看它为什么会生气吧！

地震是如何产生的呢?

大多数小朋友可能都没经历过地震,那我们就回顾一下地震发生时人的感觉吧。地震时,人们首先会感到有一股强大的力量向上冲,然后又向下沉,地面上的东西逐渐来回跳动。之后,会感到像船在水中前后左右来回摇晃一样!地震是非常可怕的!但是,地震是如何产生的呢?

原来,这主要是地壳运动造成的。地壳无时无刻不在发生运动,它所产生的力,会使地壳岩层变形、断裂和错动,于是就发生了地震。地震发生时,积累在岩层中的部分能量都是以波浪的形式向四面八方传播的,这种波就叫地震波。

在地球内部,地震波主要以纵波和横波两种形式向外传播。这两种波有些"怪脾气",当它们在传播的过程中遇到分界面时,就会像光一样

发生反射和折射，而且传播速度也会发生变化。

一般来说，在弹性越强、密度越大的岩石中，它们就会跑得越快。怪不得每次发生地震，地震波都能够轻易地通过厚厚的地层迅速地传到地面上。

如何衡量地震威力的大小？

地震也是有大有小的，单凭人们的感觉来判断它的大小是不科学的，而要靠科学的方法去衡量，那就是震级。

地震是地下岩层中积累起来的能量突然释放引起的，震级的大小正是依据震源释放能量的多少来确定的。释放的能量越多，震级就越大。

现在，我们将地震能量的大小分为

若干个等级。在一般情况下，小于3级的地震，人们是感觉不出来的，叫作微震。有的微小的地震连零级都够不上呢！当然啦，零级地震的能量并不等于零哦。

大于3级的地震，人们才能感觉到，于是科学家就将3至5级的地震称为有感地震。5级地震就具有很大的破坏性。其中，5至6级的地震是中强震，而7级以上的地震就可以称得上为大震了。

大地震的威力是巨大的，它可以在十几秒的时间内将一座城市变成一片废墟。比如，1960年发生在智力的大地震，瞬间就使几千人失去了生命，几百万人无家可归！

地震前有哪些预兆呢？

地震有那么大的破坏力，但地震在来临之前是否有预兆呢？呵呵，当然是有的！多次的地震震例表明，动物对地震的感觉最灵敏。在地震前，会出现下面的现象：牛马骡羊会上蹿下跳，不肯进圈去；猪不再吃食；狗

会到处乱咬；鸡鸭会到处乱叫；蛇会出洞；老鼠会搬家逃走；兔子会竖起耳朵又蹦又撞；鱼儿也会慌忙地在水面上乱跳。由此可见，动物要比人的感觉灵敏得多，能够更早地感受到地震波的来临。

另外，在地震前，还会发生地声。地声类似于机器的轰鸣声、打雷声和大炮的声音。地声也是人类预测地震的重要依据。

趣味问答

地球的哪些地方容易发生地震呢？

在很多时候，地震的发生都出乎人的预料。但是，地震的发生也并非是没有规律的，一般情况下，地震往往发生在大陆板块的交界处，不同地方的板块断裂交汇地带，还有运动速度变化率较大的地带，也是地震活动性较强的地带。

地球除了会发生地震外，还会喷火呢！呵呵，听起来是不是很吓人呢？其实，它喷出的不是火，而是像火一样的红色岩浆，就像一大锅滚开的稠糊糊的粥一样，温度极高。地球为什么会喷出这样的"稠粥"呢？

火山是怎样爆发的呢?

在地球的地壳下层，有一个岩浆状的"液态区"。它的主要成分是硅酸盐物质，在地表压力下，能够从地壳较薄弱的地段冲出地表，就形成了火山。火山爆发能够喷出多种物质：有呈固体的，如岩块、碎屑和火山灰等；有呈液体的，如熔岩流、水和碎屑物以及和火山灰混合的泥石流等；有呈气体的，比如水蒸气与碳、氢、氮和硫等的混合物。除此之外，火山爆发，还能带出光、电和磁等，还有一些放射性物质。这些物质有的能致命，有的能使飞机、轮船等失事。

火山对人类的巨大危害

火山爆发给人类带来的灾害是极大的。它喷出的高温岩浆可以毁灭陆地上的一切生命，同时，还能够引发海啸和地震呢！

在20世纪，位于加勒比海马提尼克岛上的培利火山曾经喷发了一次，喷出的岩浆沿着火山的南坡滚滚而下，冲向周边的城市，最终使全城几万名居民全部失去了生命。岩浆冲进海中，海水也沸腾起来，海中的船只也被毁灭。那些火山喷发的速度十分快，仅仅几分钟的时间，就能让原本热闹异常的城市变成杳无人烟的废墟。

可以说，火山对人类产生的危害几乎是灭绝性的。所以，人类只有

做好预防工作，才能避免更多的灾难。

火山喷发的奇景异象

剧烈的火山喷发虽然会给人类带来巨大的灾难，但有些火山不仅对人类没有威胁，而且还很有趣呢！

在地中海地区，就有一座非常有趣的火山。它每小时要喷发3次，从来不停止。周围的人们还可以爬上山顶，到火山口旁边去观赏呢！每当夜间喷发时，山顶上便会闪耀出一阵红光，非常漂亮，在附近的海面上都能看见。因此它有"地中海上的灯塔"之称。

另外，在太平洋中央的夏威夷岛上，也有一座奇怪的火山。这座火山的火山口，是一个充满了炙热熔岩的"火湖"。一到火山喷发的时候，"湖水"就会涨起来，漫上湖岸，向低处流，形成熔岩瀑布、熔岩河流。这里的熔岩流速极快，远远望过去像一条奔腾的红色江河，那真是一种独特的视觉享受！

一些城市为什么要建在火山附近呢?

火山的威力是巨大的，它吞没过无数的村庄和城市。但是你知道吗? 世界上一些兴旺发达的城市偏偏是在火山附近发展起来的。比如日本、印度尼西亚等国家。再比如，著名的埃特纳火山附近有几十万的居民在那里安家，而火山已经喷发过几百次。这是为什么呢? 难道人们不怕受到火山的威胁吗?

原来呀，火山喷出的火山灰是一种十分优质的肥料，它能使土壤变得十分肥沃，非常利于农作物的生长。埃特纳火山附近就是闻名的水果之乡，盛产葡萄、柑橘等水果。另外，火山灰和火山喷出的岩石都是很好的建筑材料。火山中还贮藏着十分贵重的金属，比如黄金、金刚石等。呵呵，它能给人们带来这么多有用的材料，也难怪人们要住在那里了！

火山活动多的地方，地下的热量也较大，所以附近的温泉也比较多。温泉除了能供人洗澡外，还有许多其他的功能呢！在地球北极，有一个叫冰岛的国家，那里有很多火山，所以那里的温泉也很多。冰岛人就将温泉引进城市。这样，那里虽然很寒冷，人们也不用盖锅炉取暖，家家户户都可以用上热水和暖气。人们利用温泉还能栽培出热带水果——香蕉和菠萝！这可是一件了不起的事情呀！这也是火山周围的人们不肯迁移的最重要的原因了！

地球的哪些地方容易形成火山呢?

小朋友，我们知道，火山会在地球地壳层较薄的地方喷发。除此之外，它还会在哪些地方喷发呢？呵呵，当然是地壳层松弛的地球板块交会处了。人们因此总结出了四大火山带，即环太平洋火山带、大洋中脊火山带、东非裂谷火山带和阿尔卑斯—喜马拉雅火山带。

地球赐予人类
的黑色金子

　　我们一般认为金子都是金黄色的，但是世界上还有一种"黑色的金子"，那就是煤炭！人们之所以称它为"黑色的金子"，主要是因为它是人类非常重要的能源。尤其是在18世纪，它给社会带来了巨大的生产力，推动了工业向前发展。但是，小朋友，你知道煤炭是从哪里来的吗？它们是如何形成的呢？我们怎样才能找到隐藏在地下的煤呢？

Cood !

煤炭是黑色的石头吗?

煤炭被人类称为"工业的粮食",对人类的发展起了重要的推动作用。但是,煤炭究竟是从哪里来的呢?这曾经引起了人们诸多的猜测。

从前,人们看到火山喷发,炽热的岩浆四处漫流,而煤也正是生长在地下的,所以都认为煤炭是从地底下喷出来的。更多的人则认为,煤炭那么黑,又那么硬,分明就是黑色的石头嘛!而且这种石头自"盘古开天辟地"以来就有了。在中国的春秋战国时期,人们就把煤炭称为"石涅"或"涅石",也就是黑色的石头的意思。

但是,煤炭真的是黑色的石头吗?一般的石头不能被火点着,而煤炭却能够燃烧,这是为什么呢?

想象力丰富的人们,给出了这样的解释:自然界中存在着一种可以用来燃烧的"煤液",而煤炭则是被"煤液"浸润过的普通石头。但是,谁也没有见过"煤液"呀!所以,这种说法就渐渐地被人们否定了。

但是，煤炭究竟是如何形成的呢？人们一直在不断地探寻着！

煤炭是如何形成的呢？

随着科学技术的进步，人们开始逐渐地认识到煤炭并非是黑色的石头，而是一种可燃的有机岩。它是由大量的植物遗体经过复杂的生化作用而变成的一种沉积矿产。

由植物变成煤炭的过程主要经历了三个阶段：

1. 泥炭化阶段。由于地壳运动，很多森林被毁。大量的植物遗体就被堆积在泥沙下面，几乎与氧气隔绝。然后在细菌的分解作用下，植

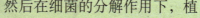

物遗体中的氢、氧等成分逐渐地减少，炭的成分增加，就形成了泥炭。泥炭呈褐色，无光泽，可以燃烧，但是燃烧后的烟多而浓。

2．煤化作用阶段。随着时间的增长，泥炭越埋越深，直到完全被封闭在地下，细菌的分解作用逐渐停止，泥炭就开始不断地被压缩，脱水后胶结在一起，碳的含量也进一步增加，就形成了褐煤。当然，褐煤的颜色是近于黑色的褐色，光泽暗淡，较坚硬，可以引燃，但是有烟。

3．变质阶段。在这个阶段，主要是由于含煤地层的继续下降，温度与压力也持续增高。或者是因为地下的岩浆侵入或者接近煤层，使煤层受到了强热作用。少数还由于发生大的断层破坏，使煤炭层受到强烈的挤压，久而久之，褐煤的内部分子结构和物理化学性质会发生连续的变化，进一步失去水分、二氧化碳和沼气，变成烟煤和无烟煤。

由此可知，煤炭在形成过程中，其颜色是逐渐加深的，光泽也依次增强，比重和硬度以及含碳量越来越大，含氧量逐渐降低，水分含量也会越来越少。这个过程要经过几千年甚至几万年的时间呢！

在哪里可以挖到煤炭呢?

　　很多煤炭已经在深厚的地层下面沉睡了几千万甚至几亿年的时间，千百年来，人们想尽办法去挖掘它，让它来为人类服务。但是，地层那么深，又十分辽阔，如何才能找到煤炭呢?

　　要想采到煤炭，当然首先要掌握古代植物成煤的基本规律了，然后再结合前人的采煤经验才行!

　　首先，要找到煤层的露头。煤在形成的过程中，是呈层状的。因为地壳的运动，有些煤层有可能会露出地表，人们将露出地表的部分称为"煤层露头"。在一些山区中，在山的半山腰经常会发现有条黑线似的东西，那就是煤层露头哦，据此，人们就可以找到煤炭。

　　其次，找含有植物化石的沉积岩。煤是由古代植物变成的，在煤层的顶板与底板岩石之中，经常会有古代植物遗留下来的遗体痕迹，如植物的根、茎和叶等化石。如果我们在山上找到了含有植物化石的沉积岩，便可以找到煤层。

　　另外，如果发现在哪条河的河面上有小煤屑或漂浮在水面上的煤末子，那么，沿山沟小河往上游寻找，往往就可以找到煤炭了。

　　人们只要勤于观察，便可以根据这些特征寻找到煤炭的藏身之地了哟!

趣味问答

煤和炭一样吗？

我们平时见的黑色有光泽能燃烧的硬物质应该叫煤才对，为什么叫煤炭呢？难道煤与炭是一样的吗？

呵呵，当然不是了。炭是把木材和空气隔绝，高温烧成的一种黑色固体燃料。而煤则不同，它是地下的植物遗体经过复杂的转变才形成的，所以，两者是不同的。我们平时说的煤炭，是人们对煤的另一种称呼而已。

石油是石头里的油吗?

你能说出石油的用途吗?它可以让汽车奔跑、让机器工作,可以用来合成纤维、合成橡胶、塑料等产品……总之,工农业生产和发展都离不开它呢!为此,人们称它为工业的"血液"。但是,这些石油是从哪里来的呢?它是石头中的油吗?呵呵,那就让我们赶快去探明真相吧!

你见过石油吗？

　　我们一定都听说过石油，但是你见过它吗？它究竟是什么样的呢？石油都是从地下开采出来的，刚被开采出来的石油，也叫原油，它是一种黏稠状的液体。因为含有烃类物质的多少不同，原油的颜色也是不同的，由浅到深主要有白色、淡黄色、褐色、黑绿色甚至黑色。

　　不同成分含量的石油，其密度、黏度和凝固温度等都是不同的。而我们平时使用的石油，都是在原油中提炼出来的，一般都呈黑色。

117

石油是如何形成的呢？

　　石油和煤一样，都是从地下开采出来的，它的形成与煤炭一样，也是由古代的有机物在地壳中转变而来的。

　　石油的生成至少要200万年的时间呢，也就是说，我们今天所使用的石油都是200万年前的有机物转化而来的！在当时，海洋中繁殖了大量的海洋生物。它们死亡后的遗体随着泥沙一同沉入海底，经过漫长的时间，在地壳运动过程中，就一层层地堆积起来，与外界隔绝着。经过细菌的分解，以及地层内高压、高温的作用，生物遗体就开始分解，最后转化成了石油。

石油真的是石头中的油吗？

许多小朋友都认为，石油是石头中的油，果真是这样吗？呵呵，聪明的小朋友猜对了！其实，石油就是"石头中的油"。也就是说，它像浸透在海绵里一样浸透在石头中。有的小朋友可能会问：石头那么坚硬，"油"是如何进去的呢？其实呢，自然界的石头也不是铁板一块，无缝可钻的。我们可以经常看到山上的岩石，有各种各样的裂缝和大大小小的孔、洞。也就是说表面看上去十分完整、光滑以及坚硬的石头，它的内部也是有空隙或裂缝的。只是有的比较大，肉眼可以看到，而有的比较小，只有在显微镜下才能看清楚。

如果我们拿一块石头，在它上面滴上几滴水，会发现，这些水都渗到石头里面去了，表面只留下一片湿漉漉的痕迹。所以呀，石头并不像我们想象的那么坚实，它也是有空隙的哟！

地下的石油形成以后，就会自动渗入到周边的各种岩石之中。缝隙越大的岩石，它里面的石油就越多。这么说来，我们也只有从石头中才能开采出石油了。

"石油宝库"是如何形成的呢?

　　石油是石头中的油,尽管世界上大部分地方都有石头,但是并不意味着世界上大部分地方都有石油哟。石油的分布是不均匀的,世界上石油主要分布在亚洲西部的中东地区。它以波斯湾为中心,向西北延伸到伊拉克北部、叙利亚东北部和土耳其南部,向东南延伸到阿曼境内。那里聚集了约58%的世界石油量,所以,被称为"世界石油宝库"。可是,石油为什么都聚集在那里呢?

　　原来呀,在几千万年前,那里曾经是一片汪洋大海,再加上那里的气候温暖,海水中就繁殖了大量的海洋生物。经过地壳的运动,死亡后的生物遗体随着泥沙一同沉到海底。长年累月一层层地堆积起来,与外

界空气隔绝，再经过细菌的分解，就形成了一个石油带。

　　另外，中东地区在长期的地质发展过程中，形成了分布极广的石灰岩与砂岩。石灰岩多缝隙，砂岩又多孔，在压力的作用下，分散的石油极容易集中到此，于是这一地区就形成了石油库。

趣味问答

现在的海洋中都有石油吗？

　　我们知道，石油是由海洋中的生物遗体经过复杂的变化形成的，那是不是现在的海洋中都有石油呢？

　　呵呵，当然不是了。因为地壳是不断运动的，现在的海洋在远古时代也许是陆地呢！所以，现在的许多海洋中不一定都有石油的！

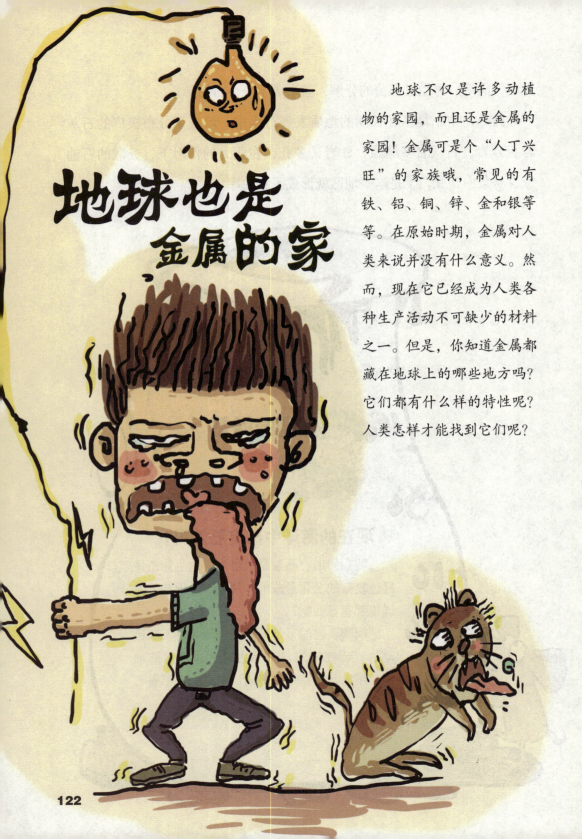

地球也是金属的家

地球不仅是许多动植物的家园，而且还是金属的家园！金属可是个"人丁兴旺"的家族哦，常见的有铁、铝、铜、锌、金和银等等。在原始时期，金属对人类来说并没有什么意义。然而，现在它已经成为人类各种生产活动不可缺少的材料之一。但是，你知道金属都藏在地球上的哪些地方吗？它们都有什么样的特性呢？人类怎样才能找到它们呢？

金属是什么?

在生活中,我们经常见到金属。但是,什么是金属呢? 金属,是一种具有光泽,富有延展性,容易导电、导热等性质的物质。一般在常温下,除汞外,其他金属都以固体形式存在。同时,大部分金属都是银灰色的,只有少数例外,比如铜是暗红色的。

因为金属具有延伸性,所以它们之间可以任意的连接、交融。比如铁可以与铜熔铸在一起,然后再制作成各种各样、不同性能的金属用品。

金属矿是如何形成的呢?

地球中藏着十分丰富的金属资源,它们集中存在,就形成了金属矿。那金属矿是如何形成的呢? 这个问题比较复杂哦,严格地说,每一

种金属的形成都有其独特的条件和环境。

　　一类是在岩浆活动中集中成矿的。当岩浆向地壳上方不断地喷涌时，由于温度、压力逐渐降低，使一部分金属元素分别在不同的深度集中并结晶出来，就形成了金属矿。比如磁铁矿、铜矿和铅矿等，都属于这种类型的矿床。

　　另一类矿是由于某些岩石或某些含金属量较低的矿石长期地暴露在地表，经日晒、雨淋和风吹，将一些有用的矿物溶解在水中，或者一些不易风化的矿物颗粒直接被水带到适当的地方，重新沉积到一起，聚集为矿。也有可能是由于地面的动植物遗体被深埋地下，在高温、高压与细菌的作用下形成了矿。这类矿叫作沉积矿，比如铁矿、锰矿、盐矿及砂金矿等都属于这类。

　　还有一类矿是由于沉积岩在地壳运动的过程中，在高温和高压的作

用下，发生变质反应，使其中一些矿
物质重新结晶，某些元素集中成矿，这
类矿叫作变质矿。常见的变质矿主要有石
墨矿、金刚石矿和石棉矿等。

地壳中的矿藏虽然有很多种类，但是因为
其成因不同，只要我们能够摸清它们在地壳中的来龙去
脉，就能够找到它们的住处，再将它们开采出来。

我们怎样才能找到金属的家?

那人类到底怎样寻找它们的家呢？这与找煤矿是同样的道理，只
要直接去寻找矿体的露头，就知道它们的藏身之地了。但是，这些矿体
露头却不像煤矿露头那样好找。矿体露头的面积很小，而且处在十分隐
蔽的地方，通常人们是很难直接发现的。这就要根据它们的踪迹去搜
寻了。

矿体露头虽然很小，但是经过常年的风吹、雨淋和日晒，逐渐地
崩碎，形成矿石、矿砂。这些矿石、矿砂在流水的冲击下，散布很广，
如果我们发现了它们，就可以逆流而上，沿着它们的踪迹寻找到它们的
家了。

矿体如果完全被埋在地下该怎么办呢？呵呵，当然也是有办法的
了！因为许多矿物中的成分都能够被水溶解，并被搬运分散到附近的岩
石裂缝里、土壤里、河流或地下水中。它们分散的面积极广，而且离矿
体越远的地方含量就越少。这样人们可以根据一个地区内各处土壤、河

水等的分析结果，找出它们含量较高的地方，然后再通过钻探等方法，将它们找出来。

另外呢，人们也可以根据地表的一些植物去寻找矿体。小朋友，你知道吗？矿体上面覆盖的土壤中，由于含某种矿物成分，往往会生长某种特殊的植物，比如铜矿区经常生长铜草，铀矿附近常生长紫云英……这些植物是人们寻找矿体的向导者。还有一些动物在挖洞穴的时候也可以将矿体找出来。

总之呢，矿体虽然深埋在地下，但是人类依然可以根据它们的集成规律发现它们的踪迹，将它们找出来。

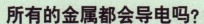

所有的金属都会导电吗?

在生活中，我们见到的电丝是金属做的，灯泡中的钨丝也是金属的，就连厨房里用的一些厨具的导电部分都是金属做的，那是不是所有的金属都会导电呢?

呵呵，你猜对了哟。其实，所有的金属都是可以导电的，只是有的电阻比较大，而有的电阻比较小罢了。

???

我以化合态存在!!!

我以游离态存在!!!

127

地球上的智慧生物

人类是地球上最有智慧的生物，与其他生物一样也是经过漫长的岁月进化而来的。但是，这么富有智慧的动物，是如何进化的呢？呵呵，小朋友一定很想知道人类在进化过程中不同阶段的样子吧！那就赶快往下看吧！

你知道人类的祖先是谁吗?

在很久以前,地球上的绝大多数爬行动物都灭绝以后,又进化出了许多种哺乳动物。当然了,这包括身材小巧的狐猴、猿与类人猿等灵长类动物。它们因为长期生活在树上,并以地上的昆虫等为食,所以学会了辨别颜色,识别空间等各种技能。

因为在摇摆不定的树枝上捕猎昆虫十分危险,那些不能很好地估算出两树之间的距离,或者不能抓住树枝的古猿,都逐渐被自然所淘汰。

后来,有一部分古猿为寻找食物到地面上活动,主要以树上的果实为生。这些古猿就是现代类人猿与现代人类的共同祖先了。当前人类已知的最古老的祖先是南方古猿,它已经可以直起身来用后肢行走,脑容量比现在的黑猩猩的脑容量要大!

最早的人类!

古猿到地上生活以后,就逐渐将前肢解放出来,还学会了使用工具。这是由猿到人类进化的过渡期,恩格斯称其为"正在形成中的人"。

后来就进化为"能人"了,意思就是"有能力"的人类。它们的脑容量比南方古猿的脑容量大了一些,已经可以算作是人类了。它们最重要的特点是会加工制作简单的工具了。

接下来,就进化成直立人,就是完全可以直立起来行走了,中国人习惯上称之为"猿人"。它们的脑容量又增大了一些,头骨很厚,颅骨低平,腿骨进化和人类已十分相似,适合直立行走。它们会使用火,还会加工各种石斧，而且还能建造房屋，捕猎大象等大型动物，这就是原始人了。它们最早生活在非洲，后来又发展到了欧洲与亚洲等地。

智人开始正式登场！

随后，又出现了"智人"，也就是拥有智慧的人类。它们的脑容量与现代人相仿。早期的智人体质形态与现代人极为相似，但是仍留有原始特征，比如前额低斜，颌部较突出，颏部不明显等。但体型比直立人要大得多。

目前人类学家将早期的智人分为两种类型：一种为"典型的尼安德特人"，主要位于现在的西班牙、比利时和德国等地；另一种为"进步的尼安德特人"，主要位于以色列。典型的尼安德特人的特征更接近于现代人类。

晚期智人有什么特点呢？

　　晚期的智人又称新人，它们的头骨前额较高，颌部退缩，下颏十分明显，体质形态与现代人没有多大的差别。在亚洲、非洲、欧洲和美洲等地都有晚期智人的存在。

　　晚期智人出现时，地球上就已经出现了现代人。

　　总之，人类形成的因素是十分复杂的，是自然条件与历史条件长期影响的结果。

现在的猿猴能进化成人类吗？

　　小朋友，我们知道人类的祖先是由猿进化而来的，而我们现代的猿猴是不是经过数十万或上百万年以后也能进化成人类呢？

　　呵呵，当然不能喽！因为人类是在十分特殊的自然条件下进化而成的，也是自然选择的结果。随着现代社会各方面的发展，现代猿已经失去了进化所需的特殊环境，所以，它是不可能进化成人类的！

趣味问答

哪些地方很奇怪？
去看看

地球上有很多奇怪的现象与离奇的事情，让人弄不清原因也找不到答案。小朋友，你听说过吗？比如车会往坡上滑，寒冷的南极竟然有不结冰的湖，呵呵，这些听起来是不是很诡异呢？那就赶快去看看吧！

咦，车怎么往坡上滑呢？

　　我们在骑车上坡的时候，一般都比较费劲儿，而下坡的时候则比较轻松。但是，你知道吗？世界上有一个"怪坡"，人在上坡的时候感到比较轻松，而下坡的时候则比较费劲儿，同时，它还能让车往坡上滑呢！呵呵，很奇怪吧！这个"怪坡"就在中国辽宁省沈阳南部，新城子区清水台镇周家村村东的寒坡岭。

　　有一次，一辆车途经此坡，下坡后，司机下车歇息了一会儿，回来后却发现熄火的车已经从坡底"滑行"到了坡顶。于是，这个坡马上成为许多人关注的焦点。这个坡的坡道很平坦，两边长满了小草，没有任何异常现象。但是汽车要经过这个"怪坡"，必须加大油门，而上坡也必须熄火才行。骑自行车，下坡要使劲儿蹬，上坡却要扣紧车闸。人在坡上行走也是上去省力，下来费劲儿。真是太诡异了。

　　针对这个怪现象，探险家先后用视差错觉和磁场效应等原理去解释它，却终不能使

133

人信服。直到现在还没人能弄明白它的真正原因呢！

公路上的"魔鬼地带"

在高速公路上出现交通事故，无非是以下几种原因：司机酒后驾车、疲劳驾车，或者司机无证驾车，还有就是司机不遵守交通规则。但是，在中国的兰新公路上，有一段路经常无缘无故出现交通事故。那里被司机们称为"中国的魔鬼三角"。

事故的地点在兰新公路上，那里经常会有翻车现象发生。司机们说，一辆好好的新汽车，正常向前行驶，前方也无障碍物，自己

突然就翻了，太诡异了。那里不但道路平坦，而且视野还十分开阔，尽管每个司机开到那里都会很小心，但那里每年都会发生几十起大的交通事故。这确实让人有些费解！

起初有人分析可能是因为道路设计有问题，于是就采取了减少弯道，降低坡度与倾斜度等措施，但是翻车事故依然不断。

后来有人说，可能是因为地球磁场的缘故，这种说法似乎有些道理，但是仍不能使人信服。所以，诡异翻车事件的原因，至今也没人真正弄明白。

神秘的南极不冻湖

我们都知道南极的温度极低，常年都被坚冰所覆盖，几乎没有人类的足迹，生物也极为罕见。但是就在这个冰天雪地的地方，却有几个神秘的"不冻湖"，最大一个湖面积达到2 000多平方千米，湖水与地球表层的水没什么两样。它们都位于厚厚的冰层下面。

科学家们通过考察发现，湖的周围几乎没有任何火山活动的现象，在那样的条件下，水为什么没有凝固成冰呢？

一些科学家认为，这是气压与温度交织的结果。在厚厚的冰层下，湖水要承受很大的压力。在强压下，冰在零下几摄氏度时就可以融化。同时，又可以有限地防止热量散发，使南极大陆凹部的大量冰融化，变为"湖水"。然而这种说法却遭到了反驳，如果真是这样，那南极其他地方的湖水应该都不会结冰才对，为什么只有那几个湖不结冰呢？

后来，有些科学家认为，这些湖水下面一定有个大温泉，把冰都融化了。还有一些科学家认为，湖水其实是被太阳晒化的。但是这些观点都没有十足的说服力，直到今天，它还是一个谜呢！

诡异的地球"无底洞"

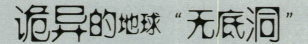

　　我们知道，地球是由地壳、地幔和地核三部分组成的，应该不会存在人们所说的"无底洞"。我们平时常见的深山洞、大裂谷都是地壳表层极浅的一种现象。但是，世界上真的有一个"无底洞"，它位于希腊亚各斯古城的海滨处。一到涨潮的时候，便会有大量的水涌入洞中。每年流入的水能达到几万吨呢。那么多的水，竟然从来没把洞灌满。人们曾经费尽心思地想要找到它的出口，但都没什么结果。

　　美国一支科学考察队曾经将深色的染料溶在海水中，想通过染料来寻找它的出口，但是结果令人非常失望。当然，有可能是因为海水量太大，把染料稀释得太淡，以至于无法被人发现。

几年以后，考察队又进行了新的试验，他们制造了一种浅玫瑰色的塑料小粒，能浮在水面不沉底。他们将几大袋的粒子都统统扔进了打旋的海水里。一会儿的工夫，所有的小塑料粒都被"无底洞"吞没了。他们曾设想，只要有一粒从其他地方冒出来，就能找到它的出口了。但是数以百计的人在各地水域整整搜寻了一年多，却仍无所获。

直到今天，人们也不知道"无底洞"中的海水究竟流向了哪里？

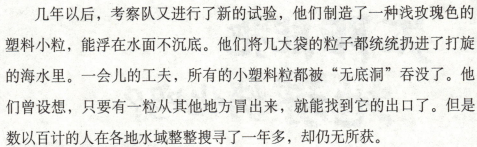

"无底洞"的水究竟流向哪里了呢？

人们用了很多方法，都没有找到"无底洞"中的水的出口。但是，人们只是在地壳表层寻找，却没有想到它是否有可能流向了地壳下层的地幔甚至地心处。

我们知道，地球是一个容量巨大的球体，对于源源不断流入的水体，它完全可以容纳。所以，"无底洞"中的水很有可能是流入地壳下层了哟！

太阳能把地球烤化吗?

每天清晨，当太阳从东方的红霞中喷涌而出，将万丈光芒洒向大地时，我们就会生出一种蓬勃向上的激情。看到这个充满生机的世界，我们不能不赞美赐予地球生命和力量的太阳。但是，太阳也是宇宙中的一颗恒星，它有无穷大的能量，那么，在未来，它会将地球烤化吗?

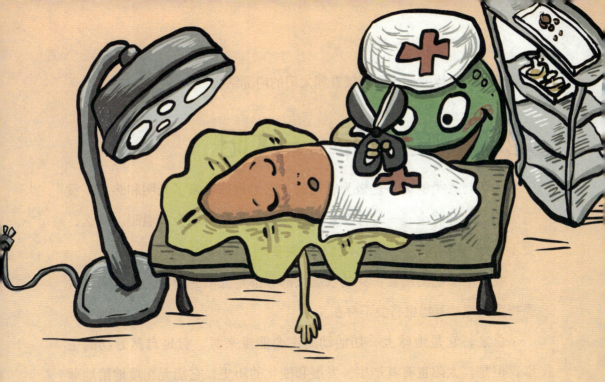

你了解太阳吗?

我们每天都能看到太阳，觉得它应该是地球的一部分。其实，太阳是宇宙中的一颗恒星！在宇宙中，有许多像太阳一样会发光的天体，太阳的亮度、大小和物质密度都只处于中等水平。只因为它离地球比较近，所以看上去是天空中最大最亮的天体。而其他的恒星都离我们非常遥远，所以我们看到的它们只是一个闪烁的光点而已。

太阳与地球之间的距离大约是1亿5千万千米，这可是个庞大的数字！这么遥远的距离，人是无法到达那里的。

太阳是个巨大的火球，组成太阳的物质大多都是些普通的气体哟。太阳的大气层，与地球的大气层一样，可以按照不同的高度和不同的性质分成各个圈层，即从内向外分别是光球、色球和日冕三层。我们平时看到的太阳表面，是太阳的最外层，温度约为6 000℃。因为太阳本身是不透明的，所以我们不能直接看到太阳的内部结构。

地球万物的主宰——太阳

太阳与人类的关系是极为密切的，它给地球带来了光明和热量。没有太阳，地球将会是一片漆黑；没有太阳，地球将不会有温暖。那么，更不会有生物出现，当然也不会有人类喽！

我们平时吃的粮食、穿的衣服大部分都是太阳的功劳，没有它，人类将会灭绝，万物也将会不存在。

总之，它是地球上一切活动的主要能量来源，它是自然万物的主宰。但是，太阳也有其产生、发展和变化的历史。它能无止境地给地球提供热量和光明吗？

太阳会衰老吗？

太阳是个大气团，由很多种物质组成，但是它最主要的成分就是氢，氢大约占了71%，其余的主要是氦。太阳之所以能发光发热，主要是因为它内部有一个巨大的核反应堆。它每时每刻都会将氢原子核聚变成一个氦原子核，在这个过程中它就会不断地发出光和热。

你也许会问：那等太阳的氢全部变成氦时，它不就寿终正寝了吗？当然是这样子喽！但是，太阳在宇宙中存在已经有几十亿年了，它消耗掉了1/4的氢。如果我们将太阳比喻成一个人的话，现在的太阳正处于青壮年时期，距离衰老还有很长很长一段时间呢。

地球真的会被太阳烤化吗？

太阳每时每刻都在向地球发射光、热以及各种射线，那如果太阳在宇宙物质的作用下，逐渐膨胀增大，或不断缩小，地球将会成为什么样的情况呢？

人们推测，在大约几十亿年以后，太阳有可能会膨胀增大。到那时候，地球的表面温度就可能会升高几百度呢，那时的地球会变成一个炽热的球体，所有的生物将会全部被烧死。

如果地球表层温度上升到500℃以上的话，地壳上的锡、铅和锌等低熔点矿物将会熔化，海洋也将会在高温高压之下，全部变成一整片的茫茫云雾。地面上的一切将会沸腾燃烧，人类必将难以生存下去了。

当太阳内部的氢因为燃烧而大大减少时，它也将停止膨胀并开始缩小，开始进入"红巨星"阶段。最后，它将会消耗掉最后的核能而进入到一个永远安静的状态。那时候，地球上的温度将会大大地降低，最终会使地面上的水都结成再也不会融化的冰。没有了光和热，人类也是无法生存下去的，一切生物都有可能面临灭绝的困境。

什么是核聚变？

上面我们提到太阳是因为氢原子的核聚变而发出光和热的，那么，什么是核聚变呢？原来呀，核聚变是指由质量小的原子，在一定的条件下，发生原子核互相聚合作用，生成新的质量更重的原子核，并伴随着巨大的能量释放的一种核反应形式。

趣味问答